**中国农业科学院
农业经济与发展研究所
研究论丛
第 6 辑**

- 本书为中央级公益性科研院所基本科研业务费专项资金资助项目
- 本书为国家自然科学基金青年项目（72003183）资助项目

IAED

Research on the Agglomeration Effect of
Agricultural Science and Technology Parks in China
From the Perspective of Innovation-Driven Development and Rural Revitalization

中国农业科技园区集聚效应研究
基于创新驱动和乡村振兴的视角

谢玲红 ◎ 著

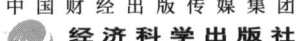

中国财经出版传媒集团
经济科学出版社
Economic Science Press

前言 Preface

农业科技园区是重大技术突破和高新产业孵化的核心平台，已经成为全球农业竞争的弄潮儿。最近20年，中国已经建立起了覆盖广泛、层级多元、功能清晰的农业科技园区体系，现在开始升级建设农业高新技术产业示范区，在保障国家粮食安全、加快农业科技创新创业和成果转移转化、推动农业产业升级和结构调整、探索农业科技体制机制改革创新等方面发挥了重要作用。当前，农业科技园区发展的国际形势、宏观环境、微观基础以及功能作用都在发生划时代巨变，园区建设逐渐趋于成熟并进入提升质量转型升级的关键时期。创新驱动发展战略和乡村振兴战略的深入实施为农业科技园区发展带来了新机遇。与此同时，应对百年未有之大变局、实现科技自立自强、破除农业科技创新体制机制障碍、有力支撑农业产业高质量发展对农业科技园区发展提出了新要求。农业科技园区不管是把握抓住发展新机遇，还是适应满足新发展要求，集聚是关键。要集聚人才、技术、资本、土地等要素，集聚科研机构、企业、众创空间、科技孵化器等机构，集聚农业高新技术产业及其服务业，形成并释放集聚效应，实现园区发展和区域经济社会发展的良性循环。

然而，新发展阶段下，农业科技园区集聚效应不强已成为园区发展的最大挑战。当前，农业科技园区面临着科技成果转化水平不高、引领现代农业发展的作用不足、新产业和新业态发展不快、产业竞争力不强、同质化竞争严重、缺乏配套政策、对所在地经济发展支撑不够等诸多短板瓶颈。然而，这些问题的出现，很大程度上都可以归因于农业科技园区的集聚效应不足。具体体现在人才、资本、技术等要素在农业科技园区集聚度不高，没有形成一定规模的科研机构和高科技企业；内部要素资源仅在空间上简单堆积，互动不畅，并未产生"化学反应"而形成内部聚集效应；园区与所在地农业产业难以形成"互补关系"，农业产业集群程度较低，无法实现园区产业集聚和优化升级的良性循环；园区与所在地非农产业互动融合不够，非农产业集聚效应薄弱。对此，我们要在准确把握农业科技园区发展新形势、新挑战的基础上，围绕农业科技园区集聚效应不强这个主要矛盾，进行系统研究，并提出改革思路和对策建议，将有助于破解农业科技园区发展瓶颈，有助于加快农业高新技术产业示范区建设，对于加快推进农业农村现代化进程也意义重大。

本书在对农业科技园区发展脉络、结构特征和短板瓶颈等进行梳理回顾的基础上，对创新驱动视角下的农业科技园区内部资源集聚水平、集聚效应及制约因素进行了分析，从乡村振兴视角探讨了农业科技园区外部集聚效应形成机理，并对园区带动乡村振兴的集聚绩效进行了评价。同时，分析了美国、日本、以色列等国家的农业科技园区集聚发展模式和主要做法，并以陕西杨凌、山东黄河三角洲、山西晋中、江苏南京四个国家农业高新技术示范区为例剖析了我国农业科技园区集聚发展特点和主要成效，总结了国内外农业科技园区集聚发展的经验启示。最后，对未来我国农业科技园区集聚发展趋势进行了研判，并结合我国农业科技园区集聚发展现状、制约因素及未来发展要求，提出了未来促进我国农业科技园区集聚发展的战略思路、发展目标、重点任务、实现路径及对策建议。

感谢国家自然科学基金青年项目（72003183）和中国农业科学院农业经济与发展研究所对本书的资助，感谢经济科学出版社为本书的编辑和出版付出的辛勤劳动。最后，需要说明的是，由于作者学识和能力有限，本书难免存在各种缺点、不足和疏漏，在此，真诚希望得到广大读者的批评和指正。

谢玲红

2022 年 7 月

目录 Contents

第1章 把握大趋势：农业科技园区发展新机遇、新要求 … **001**
  1.1 新发展阶段下我国农业科技园区发展的形势挑战 / 001
  1.2 本书的结构安排 / 006
  1.3 研究方法及资料来源 / 009

第2章 研究进展：文献综述及简要述评 …………………… **013**
  2.1 农业科技园区内涵、模式及问题研究 / 013
  2.2 农业科技园区创新能力评价及影响因素研究 / 016
  2.3 农业科技园区发展效应研究 / 018
  2.4 农业科技园区集聚效应研究 / 020
  2.5 国内外相关研究的简要述评 / 022

第3章 发展回顾：我国农业科技园区发展历程、结构特征
及短板瓶颈 ………………………………………………… **024**
  3.1 农业科技园区发展历程及政策演进 / 025
  3.2 农业科技园区发展概况及重大特点 / 030
  3.3 农业科技园区发展面临的挑战 / 039

第4章 内部集聚效应：创新驱动视角下的农业科技园区创新能力评价
——以京津冀地区 7 家国家级农业科技园区为例 ………… **043**

4.1 农业科技园区协同发展是打造京津冀农业科技高地的重要切入点 / 044

4.2 京津冀地区国家农业科技园区创新发展现状和成效 / 046

4.3 京津冀地区国家农业科技园区创新能力评价 / 049

4.4 提升京津冀地区农业科技园区创新能力的对策建议 / 055

第5章 外部集聚效应：乡村振兴视角下的农业科技园区绩效评价
——以 106 家国家农业科技园区为例 …………………… **058**

5.1 农业科技园区带动乡村振兴的内在逻辑 / 059

5.2 农业科技园区发展的多维外部效应 / 062

5.3 农业科技园区带动乡村振兴绩效的指标体系构建 / 067

5.4 农业科技园区带动乡村振兴绩效评价的实证分析 / 072

5.5 研究结论及对策建议 / 078

第6章 深度剖析：国内外农业科技园区集聚发展的典型案例及经验启示 ………………………………………………… **082**

6.1 全球视野：国外农业科技园区集聚发展模式与主要特点 / 083

6.2 国内视角：国家农业高新技术产业示范区集聚发展特点及主要做法 / 086

6.3 重要启示：国内外农业科技园区集聚发展的经验启示 / 097

第7章 未来展望：我国农业科技园区集聚发展趋势及研究展望 ……………………………………………………… **100**

7.1 农业科技园区未来发展趋势研判 / 101

7.2 农业科技园区下一步研究展望 / 105

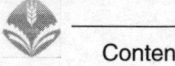

第8章 战略构想：我国农业科技园区集聚发展的总体思路、发展路径及对策建议 …………… 109

    8.1 总体思路／110

    8.2 促进园区集聚发展的路径选择／115

    8.3 增强园区集聚效应的对策建议／118

参考文献 ……………………………………………………………… 122

第1章

把握大趋势：
农业科技园区发展新机遇、新要求

1.1 新发展阶段下我国农业科技园区发展的形势挑战

农业科技园区是重大技术突破和高新产业孵化的核心平台，已经成为全球农业竞争的弄潮儿。在物质结构和生命起源等重大原创性基础研究的引领下，信息、生物、制造等领域的突破性技术广泛渗透到发达国家的农业部门，合成生物学推动的生物技术革命、信息化主导的智慧农业等重大变革正在重塑农业生产经营模式。进入新发展阶段，创新驱动发展和乡村振兴成为国家重大战略，中国农业科技园区发展的宏观环境、微观基础、功能作用正在发生划时代巨变，为园区发展带来广阔新空间的同时，对其发展也提出了新要求。当前，农业科技园区建设到了逐渐趋于成熟并进入质量转型升级的关键时期。但是，园区内部集聚效应不强、农业产业的集聚效应不显著、非农产业的集聚效应薄弱等共性问题已成为农业科技园区发展的重大挑战，严重制约了其创新能力和乡村振兴效能的发挥。通过调动园区内企业和科研机构积极性、打造区域产业融合平台等增强农业科技园区集聚效应，是破解农业科技园区发展瓶颈，推动农业科技园区提质升级，助力乡村振兴的有效之举。

1.1.1 园区进入提质升级关键期：发展环境正在发生划时代巨变

当前，农业科技园区发展的国际形势、宏观环境、微观基础以及功能作用都在发生变化，园区建设已经进入提质增效关键期。创新驱动发展战略和乡村振兴战略的深入实施为农业科技园区发展带来了新机遇。与此同时，应对百年未有之大变局、实现科技自立自强、破除农业科技创新体制机制障碍、有力支撑农业产业高质量发展对农业科技园区发展提出了新要求。

一是创新驱动发展战略深入实施为农业科技园区发展注入新动力。创新驱动发展已经成为新时代中国经济发展的重大战略。党的十九届五中全会将科技创新的地位和作用提升到了前所未有的高度，为推动创新驱动发展、加快科技创新步伐提供了行动指南（刘垠，2020）。我国相关农业重大技术取得突破性成果，水稻功能基因组、动植物生物反应器、农业大数据、转基因生物新品种和农业智能机械等重大技术突破使我国农业科技创新能力跻身世界前列（邓兴旺等，2013；黄季焜等，2014；郑纪业等，2017）。农业科技园区作为农业科技成果培育与转移转化的高地，以创新驱动发展为动源，将更多农业科技成果直接转化为新技术、新产品，形成新产业、新业态，被赋予并承担更加重要的战略使命。

二是农业高质量发展稳步推进对农业科技园区发展提出新要求。农业高质量发展是缓解农业资源环境压力、满足人民群众消费需求不断升级、应对国际竞争日趋激烈的必然选择。当前，我国农业已进入高质量发展阶段，农业发展的基础条件、主要矛盾、运行机制和外部环境、目标任务和工作要求均发生了深刻变化（韩长赋，2017）。农业产业发展呈现出新特征，开始转向更加注重提高农业综合效益和竞争力，对农业科技创新需求更加迫切的同时，也要求农业科技创新的方向向质量效率整体转变。园区是促进农业高质量发展的主平台，这就要求农业科技园区聚焦农业发展新需求，增强围绕农产品产、购、销、储、加各环节的技术创新与储备，大幅提升绿色农产品供给，不断丰富农产品的种类、花样，在促进农产品的安全性、多样性和优质性发展方面进行积极探索。

三是农业科技自立自强奋力实现对农业科技园区发展提出新挑战。应对大变局，开启新征程，需以科技自立自强为硬核支撑。当前的国际形势正发生错综复杂的变化，科技创新已经成为国际战略博弈的主要战场，围绕科技制高点的竞争空前激烈。[①] 党的十九届五中全会提出把科技自立自强作为国家发展的战略支撑，为我国科技事业未来一个时期的发展指明了前进方向、提供了根本遵循。农业科技是国家科技力量的重要组成部分，然而，当前我国农业科技原始创新能力不强、创新供给不足、科研活动与农业农村经济发展需求明显脱节、创新驱动的体制机制不够完善、科技成果转换不畅等问题依然突出（谢玲红和毛世平，2016）。农业科技园区作为农业科技自主创新和转化的重要平台，体制机制创新的主要载体，亟须聚焦农业产业发展的"卡脖子"技术，加强研发创新，创新农业科技体制，加强农业科技园区的政策联动、投资结盟、信息共享、产业互动、国际合作，形成园区自我发展的长效机制，促进我国农业整体国际竞争力提升，抢占农业科技竞争制高点。

四是乡村振兴全面实现对农业科技园区发展提出新期待。乡村振兴的全面实现，离不开农业科技园区全局性引领作用，要充分发挥园区在产业基础、县域经济、创业就业等方面的示范田作用，在美丽田园、生态宜居、绿色发展等方面的样板田作用，在体制机制、政策制度、乡村治理等方面的试验田作用。这些作用的发挥依赖于农业科技园区由过去的动植物农场、科技工厂向能够集聚智力创新要素、集聚农业产业和融合非农产业发展的更高层级的农业科技园区的转型升级。对此，要按照发展规划在园区结合、经营主体在园区聚合、生产要素在园区整合、三次产业在园区融合的要求，加快推进传统农业科技园区向国家现代农业产业园区、农业高新技术产业示范区和国家农村产业融合发展示范园等高级形态园区的提质升级。

---

① 习近平：在中国科学院第二十次院士大会、中国工程院第十五次院士大会、中国科协第十次全国代表大会上的讲话 [EB/OL]. 新华网, 2021 - 05 - 28. http://www.xinhuanet.com/politics/2021 - 05/28/c_1127505377. htm.

五是农业高新技术产业培育壮大赋予农业科技园区发展新使命。加快我国农业高新技术产业发展具有极强的紧迫性，农业科技园区作为农业高新技术产业的重要孵化平台，必须要担当起这一重要使命。首先，当前世界农业绿色技术革命、农业生物技术革命和农业信息技术革命方兴未艾，农业新技术、新业态和新模式加速迭代，依托农业科技园区加快农业高新技术产业发展，是把握新一轮农业技术革命和农业产业变革机遇的客观要求（孙爱兵等，2018）。其次，依托农业科技园区加快农业高新技术产业发展，是大幅增强我国农业产业国际竞争力的必然选择，当前我国农业高新技术产业发展取得了显著成效，但与美国等发达国家相比，还存在较大差距。再其次，当前我国多数农产品处于农业价值链的中低端，依托农业科技园区加快农业高新技术产业发展，是推动我国农业向价值链高端跃升的必然选择（宋长青等，2019）。最后，依托农业科技园区加快农业高新技术产业发展，是解决我国农业高新技术研发与产业发展脱节以及部分技术高度依赖进口的必然选择。多年来，我国存在着部分自主研发出来的农业高新技术成果在农业生产中得不到应用，而农业生产中亟须的部分高新技术成果又依赖进口的问题（袁亚湘等，2019）。依托农业科技园区加快农业高新技术产业发展，可以推动农业高新技术成果的落地转化，加快实现我国农业技术的高水平自立自强。另外，依托农业科技园区加快我国农业高新技术产业发展，是立足国内，保障我国粮食与食物安全的必然选择。在世界粮食与食品安全由于俄乌冲突面临严重威胁，我国未来从国际市场上继续大量进口粮食等重要农产品面临不可持续风险的新形势下，依托农业科技园区加快发展新型食品制造业，对于坚持立足国内，保障我国粮食与食品安全，也具有重要的战略意义。

1.1.2 园区建设任重而道远：集聚效应不强已成为重大挑战

尽管国家对于农业科技园区的提质升级高度重视，但制约园区长远发展的问题依然突出。新产业和新业态发展不快，园区农业产业竞争力不强，科技成果转化水平不高，引领现代农业发展的作用不足，同质化竞争严重，缺乏配套政策，支撑区域发展乏力。这些问题的出现，很大程度上是由于农业科技园区内部资源的配置、园区与当地产业的互动出了问题，而这些原因最终可以归结为集聚效应不足（谢玲红，2018）。集聚效应在结果上体现为园区资源和当地产业的规模扩张，在过程上表现为园区与当地产业的融合互动。园区集聚效应不足由内及外体现在三个层次。

一是园区资源规模不大且相互之间"化学反应"不足，内部集聚效应不强。政策和资金扶持方向不精确，包括乡村土地制度等在内的产权制度、金融政策、投资政策等措施没有很好地支撑农业园区发展，导致信息、人才、资金等要素不能在园区高度集聚，园区各类资源的数量和规模不大。少数园区在审批后建设缓慢，土地利用集约程度低、劳动力供需匹配度低和资金使用率低的"三低"难题造成了园区内部生产要素之间的互动不畅，仅简单依靠"圈企业进园区"，难以吸引有实力的优质企业和科研机构入驻，园区自身难以形成产业竞争力。同时，在高额土地价值和条目繁多的各类补贴面前，部分园区没有任何农业投资动机而仅仅是为了"圈地"而存在，部分园区的科技创新机构和企业追逐农业项目补贴的动机强烈（吴圣等，2019），形成了要素和主体在空间上的简单堆积，但它们之间并未产生"化学反应"，无法形成内部集聚效应。这类"鬼城园区""僵尸企业"的出现，必然会造成土地、投资、人才等的大量闲置和严重浪费。

二是区域农业产业集群缺乏规划造成园区与所在地农业产业难以形成"互补关系"，农业产业集聚效应不显著。当地政府对区域农业集群化发展普遍缺乏科学的长远规划，国家投资力度较小且分散在多个部门，使得园区难以集中资金安排实施具有前瞻性和全局性的农业产业开发项目，大量乡镇、行政村自主设置未纳入县级及以上政府统筹规划的农业园区。上述问题造成了同类型农业产业园区重复建设严重，园区本地资源特色产业和主导产业、优势产业不突出，园区与所在地的农产品加工、食品制造等农业产业难以形成互补关系，农业产业集群发展缺乏必要的基础条件。同时，园区农业产业链条普遍过短，农业产业间的联系和衔接不紧密，园区产业和企业之间并未形成相互关联的产业链条，无法带动农业产业集聚。农业产业的集聚程度较低势必造成园区扩大产能、研发技术、开拓市场的成本居高不下，无法实现园区产业集聚和优化升级的良性循环。

三是发展中弱化了园区功能的系统性和整体性，园区与所在地非农产业互动融合不够，非农产业集聚效应薄弱。农业园区的非农产业集聚效应必须建立在内部、农业产业集聚效应的基础之上，是园区集聚效应的最高层次，通常处于成熟期的农业园区各项功能发挥更为充分，带动区域经济发展能力也更强。但当前我国发展较好的园区绝大部分由政府主导，没有按照企业集聚、产业集群的内生动力来开发、建设和管理园区，难以做到与园区所在地非农产业严丝合缝的互动、融合、对接。同时，园区各类主体间的利益联结机制不紧密、园区与当地农民互动发展的积极性不足，使得农民难以共享园区发展效益。在优化村庄布局、提升基础设施水平、保障乡村就业等关键领域，大部分支持政策和建设项目都忽略了农业园区的综合带动效应。园区未能有效带动诸如电商零售、物流仓储、乡村旅游等非农产业的发展，同时对当地就业带动、收入增加、生态环境改善等方面的贡献不大，这反过来又影响地方发展农业园区的积极性，进一步弱化园区对非农产业的带动。

1.2 本书的结构安排

1.2.1 研究框架

本书在对农业科技园区发展脉络、结构特征和短板瓶颈等进行系统梳理的基础上，从创新驱动视角考察了农业科技园区内部创新要素的集聚水平和集聚效应，并对乡村振兴视角下的农业科技园区外部集聚效应进行了评价。同时，从全球视野对主要国家的农业科技园区集聚模式进行了总结，以陕西杨凌、山东黄河三角洲、山西晋中、江苏南京四个国家级农业高新技术示范区为例，对农业科技园区的集聚特点进行了深度剖析，研判我国农业科技园

第 1 章
把握大趋势：农业科技园区发展新机遇、新要求

区未来发展趋势及下一步研究重点。最后提出促进我国农业科技园区集聚发展的战略构想、路径选择和对策建议。本书研究框架如图 1-1 所示。

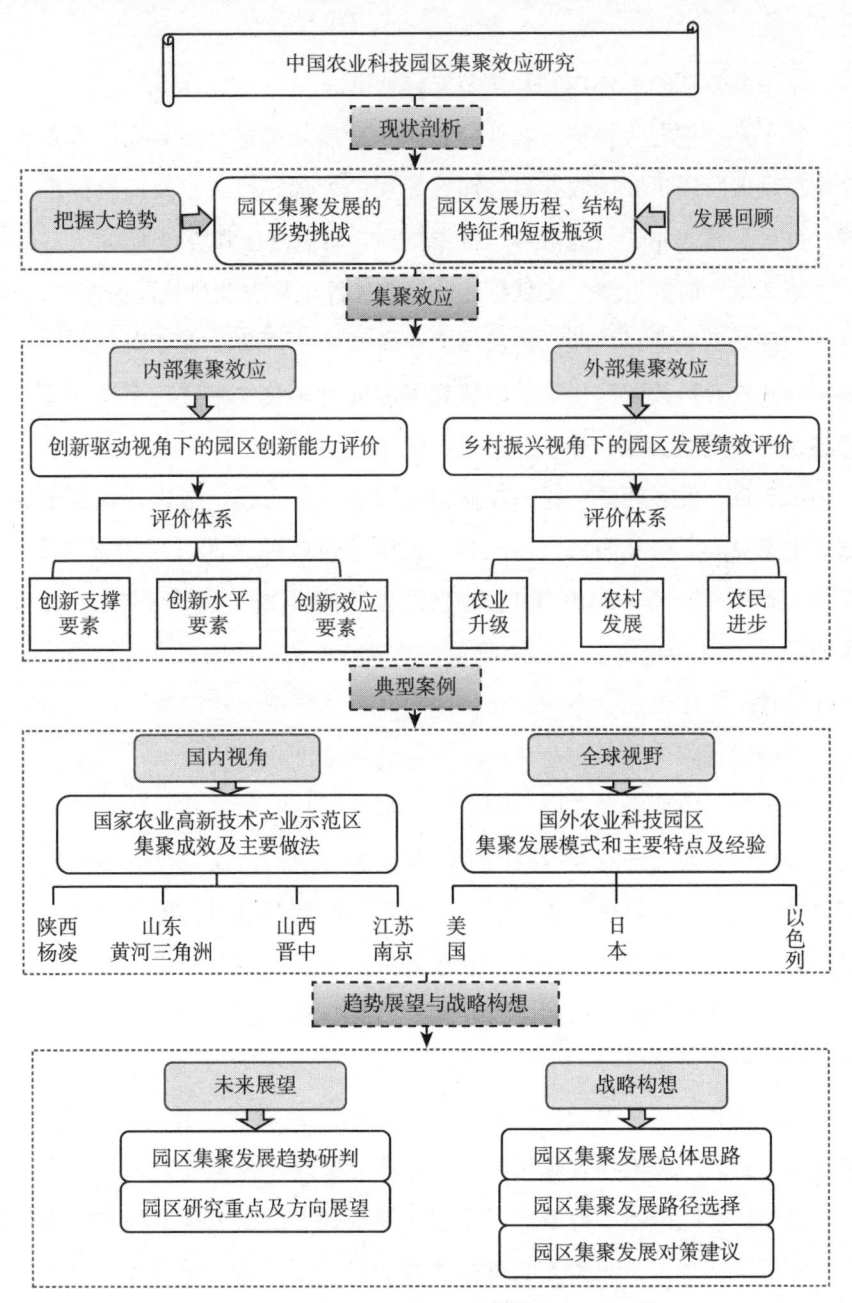

图 1-1 本书研究框架

1.2.2　全书结构

本书共八章，具体内容和章节安排如下。

第 1 章　把握大趋势：农业科技园区发展新机遇、新要求。本章主要介绍新发展阶段下我国农业科技园区发展的外部环境，以及面临的形势挑战，并简要阐述主要研究内容、框架结构、研究方法和资料来源。

第 2 章　研究进展：文献综述及简要述评。从农业科技园区基本内涵、模式与问题、农业科技园区创新能力评价与影响因素、农业科技园区发展效应以及农业科技园区集聚效应研究等方面对相关文献进行系统回顾，并评述既有研究的贡献和存在的不足。

第 3 章　发展回顾：我国农业科技园区发展历程、结构特征及短板瓶颈。本章对农业科技园区发展历经的试点建设阶段（2001～2005 年）、全面推进阶段（2006～2010 年）、创新发展阶段（2011～2018 年）、提质升级阶段（2019 年至今）这四个阶段的政策特点和实施效果进行总结。分析农业科技园区在级别、空间分布、主导产业、管理模式以及发展成效等层面上的结构特点，探讨农业科技园区发展存在的短板瓶颈。

第 4 章　内部集聚效应：创新驱动视角下的农业科技园区创新能力评价。科技创新能力是农业科技园区内部集聚效应的重要维度。本章以京津冀地区的国家农业科技园区为例，分析园区内部创新要素的集聚水平，从创新能力视角构建园区内部创新要素集聚效应指标体系并进行评价，分析农业科技园区吸引要素内部集聚面临的困难与挑战，提出促进园区内部创新要素集聚的对策建议。

第 5 章　外部集聚效应：乡村振兴视角下的农业科技园区绩效评价。带动乡村振兴的效果是农业科技园区外部集聚效应的重要体现。本章在明晰农业科技园区带动乡村振兴内在逻辑的基础上，以 106 个国家农业科技园区为例，从乡村全面振兴的目标"农业强、农村美、农民富"出发，构建园区带动乡村振兴绩效的评价指标体系并进行评价。同时，剖析农业科技园区外部集聚效应发挥面临的短板瓶颈，提出促进农业科技园区带动乡村振兴效应发挥的对策建议。

第6章　深度剖析：国内外农业科技园区集聚发展的典型案例及经验启示。本章在全球视野方面，重点对美国、日本、以色列等农业科技发达经济体的农业科技园区的集聚发展模式和主要做法进行分析；国内视角方面，以陕西杨凌、山东黄河三角洲、山西晋中、江苏南京这四个国家农业高新技术示范区为例，对上述示范区的建设发展过程、要素集聚特点及发展路径进行分析。最后总结国内外农业科技园区集聚发展的经验启示。

第7章　未来展望：我国农业科技园区集聚发展趋势及研究展望。本章科学预测农业科技园区未来的发展趋势及特点，主要包括园区发展数字化、国际化、联盟化、管理模式灵活化、融合业态多元化、绿色技术产业化等，并对下一步农业科技园区集聚发展的研究热点和重点进行分析。

第8章　战略构想：我国农业科技园区集聚发展的总体思路、发展路径及对策建议。本章根据农业科技园区发展的新背景、新要求、新机遇、新挑战，提出新战略。新思路要瞄准三大战略：高新技术引领战略、园区融合发展战略、人力资本提升战略，通过促进园区资源要素集聚，打造农业高新技术产业集群，推进三产融合、园—城—村融合等路径，促进集聚效应形成并得到充分释放。

1.3　研究方法及资料来源

1.3.1　研究方法

本书在技术经济学、农业经济学和创新理论等领域经典研究范式的指引下，整合政府部门统计数据、国内外前沿文献、园区政策大数据等多种研究素材，运用文献检索法、比较分析法、典型案例分析法，以及综合指标体系法等方法开展研究。

（1）文献检索法——分析园区发展历程和归纳阶段性学术热点。利用中国农业科学院国家图书馆农业分馆西文过刊数据库、ScienceDirect、中国知网等数据库入口提供的检索工具，首先，直接检索在各数据库里与课题内容紧密相关的权威资料，经过整理、分类、浓缩、标引等处理供课题组利用；其次，抽查农业科技园区研究进展快、文献多的时间段，逐年查找研究热点的演进趋势；最后，查阅前两步遴选关键论文的参考文献，回溯特定专题的参考文献，并将新文献整理并入课题文献库。

（2）比较分析法——对比国内外园区的发展模式、带动作用和支持政策。比较分析是通过对不同客观事物进行多层次对比来获取本质规律的方法，是借鉴国际国内先进经验的有效途径。对比国内各类园区在特定历史阶段下的发展特征，比较美国、日本等国家农业科技园区支持政策的目标、内容和发展模式，进而为本书的研究提供经验借鉴。

（3）典型案例分析法——深入调研经营主体、周边村民、政策部门对课题关键问题的反馈意见。首先，基于文献检索和比较分析的初步结论，提炼出涉及农业科技园区集聚发展的深层次问题；其次，收集园区支持政策文件和档案记录，通过开放式、焦点式、延伸性的访谈获取结构化材料，现场考察农业科技园区集聚发展的现状；最后，撰写包括发展背景、发展成效、问题挑战、对策建议的案例分析报告。课题组拟重点对四家国家级农业高新技术示范区开展案例研究，案例访谈对象包括园区管委会工作人员、企业负责人、成果转化机构负责人、技术人员、园区就业农民等。

（4）综合指标体系法——评价园区支撑创新驱动发展、乡村振兴战略的结构性集聚效应。综合指标体系法包括文献检索、座谈、德尔菲、层级分析、无量纲化等具体方法，评价体系遵循三大原则：第一，框架系统完整，农业科技园区评估是一项系统工程，它包括创业创新、科研转化、乡村发展等各个方面，各评价内容之间要形成有机、有序的联系；第二，指标简明实用，用较少的指标反映最大的内容；第三，定性定量方法结合，评估无法完全依靠客观指标，需要同步进行定性主观分析。具体研究方法有座谈法、德尔菲法和层级分析法。

座谈法。座谈是听取不同园区不同利益群体意见的一种行之有效的方法，使各方在一个熟悉的环境中发表看法和意见。通过座谈会，可以向有关政府部门、园区经营主体、园区周边村民介绍课题研究的整体思路，并对评价指标权重进行初步排序。

德尔菲法。德尔菲法（delphi method）是一种结构化的决策支持技术，它的目的是在信息收集过程中，通过多位专家的独立的反复主观判断，获得相对客观的信息、意见和见解。调查组通过匿名方式对选定专家组进行多轮意见征询，对每一轮的专家意见进行汇总整理，并将整理过的材料再寄给每位专家，供专家分析判断，专家在整理后的材料的基础上提出新的论证意见，此方法可以进一步确定各项指标的权重。

层级分析法。层级分析法（analytic hierarchy process，AHP）是确定指标权重的重要科学方法，主要应用在不确定情况下及具有多个评估准则的决策问题上。层级分析法可以将复杂的决策情境区分为数个小部分，再将这些小部分组织成一个树状的层次结构，并汇总专家意见，以评估尺度对每一个部分的相对重要性给予权重数值。其后建立成对比较矩阵，并求出特征向量及特征值，以该特征向量代表每一层级中各部分的优先权，能提供决策者充分的决策资讯并组织有关决策的评选条件或标准、权重和分析，且能减少决策错误的风险性，即无量纲化法。在园区绩效评价体系里，各个评估指标的计量单位存在很大差异，如何将这些指标标准化成为可以相互比较的指标就显得非常重要，此评估指标是实证研究的重要步骤。联合国开发计划署的"人类发展指数"具有重要的影响力，本书参考该方法测算农业科技园区综合绩效和结构性绩效。

1.3.2 资料来源

各级各类农业科技园区发展情况和创新能力的统计制度日趋完善，农业科技创新和乡村经济社会发展的统计数据日益丰富，这为本书的研究提供了坚实的数据基础。项目组初步计划从园区整体发展情况、创新驱动发展的内部集聚效应和乡村振兴的外部集聚效应这三方面入手构建课题数据库（见表1-1）。通过公开渠道可以获取的数据源主要有三部分：第一，农业科技园区整体发展及创新能力数据主要源自科学技术部、省市科技部门、园区管理委员会的监测报告以及年度报告；第二，我国农业科技创新综合情况及园区的部分科技创新绩效数据源自科学技术部、国家发展和改革委员会、国家统计局、国家知识产权局的统计年鉴及报告；第三，农业科技园区所在县（区）经济社会发展数据主要源自国家统计局等部门。

表1-1　　　　　　　　　　本书的主要数据来源

数据项目	来源及说明
《国家农业科技园区科技创新能力监测报告》	科技部，国家级农业科技园区科技创新数据
农业科技园区数据上报系统数据库	科技部，国家级农业科技园区发展情况
《农业科技园区年度报告》	科技部门、园区管委会，农业科技园发展情况
《中国科学技术发展报告》中国高技术产业数据	科技部，农业科技成果研发转化数据
《中国科技统计年鉴》	国家统计局，农业科技成果研发交易数据
《中国知识产权年鉴》	国家知识产权局，农业技术专利情况
《中国大众创业万众创新白皮书》	国家发展改革委，农村创业情况
《"十三五"国家级专项规划汇编》	国家发展改革委，农业园区政策资料
《中国农业年鉴》	中国农业年鉴编辑委员会，农业综合发展情况
《中国县域统计年鉴》	国家统计局，县域社会经济发展状况
《中国农村统计年鉴》	国家统计局，农业农村发展综合情况

第2章

研究进展：文献综述及简要述评

随着农业科技园区快速兴起，与科技创新相关的研究越来越受到重视，但集聚效应的研究有待充实。已有研究主要从科技创新出发，定性分析农业科技园区的功能，量化评估农业科技园区的绩效，农业科技园区科技创新能力和成果转化机制等问题已经得到了必要的重视，但是对于生产要素、科研机构、众创空间、高技术企业、科技孵化器等如何在农业科技园区集聚，如何形成现代农业产业链和带动当地经济发展，研究需要进一步深化。产业经济学关于集聚效应的研究历史悠久，并积累了许多影响深远的成果，这些积淀为本书的研究提供了坚实的理论基础和丰富的方法。我国已经进入经济发展新阶段，农业科技园区的发展背景、微观基础和功能要求快速变化，相关研究出现了一些新趋势。本章重点从农业科技园区基本内涵、模式与问题、农业科技园区创新能力评价及影响因素、农业科技园区发展效应以及农业科技园区集聚效应研究等方面对相关文献进行系统回顾，并评述既有研究的贡献和存在的不足。

2.1 农业科技园区内涵、模式及问题研究

在农业科技园区发展前期，学术界主要关注园区本身的发展，从学理

上对园区建设与发展现状、战略定位、组织体系、发展模式与运行机制、存在问题及未来发展战略作宏观探讨与研究。随着发展环境的快速变化，农业科技园区功能定位、组织形式、瓶颈问题和突破方向等方面的研究热点随之变化。

2.1.1 基本内涵与功能定位

农业科技园区是 20 世纪 90 年代我国农业现代化建设中涌现出的一种新型农业发展与农业科技成果转化模式（中国农村技术开发中心，2014）。是集农业人才、农业技术、农业资金、农业信息等为一体（Halewood et al.，2018；Kuchiki et al.，2017），以科技型龙头企业为依托，通过新品种、新技术、新设施、新机制引领农业产业升级（蒋和平，2004），促进现代科技与农业农村深度融合（郑宝华等，2014），实现园区及周边地区综合效益最大化为目标的农业经济发展新模式（刘然然和王梁，2019）。其基本特点主要体现在"高""新""聚""融"这四个字上（吴沛良，2001；蒋和平，2001；周蓉，2016；蒋和平等，2002）。其功能集中体现在科技创新、成果转化、示范展示和推广辐射（平英华，2015）。但随着中国步入经济发展新阶段，农业科技园区发展宏观环境、微观基础、功能定位正在发生划时代巨变。园区创新活动已不再局限于科技创新等传统层面，创业孵化、现代产业培育、体制机制改革现在都已纳入创新范畴，园区对乡村的影响力也开始辐射到就业、社会治理和公共服务等更广泛的领域。园区功能定位也随之从最初的单一科技示范基地向集研发孵化、生产加工、示范带动、产业集聚、教育培训和休闲观光等功能为一体的综合体转变（芮正云，2014），日益成为农业新产业新业态摇篮、农村城镇化试验样本、农业绿色发展先行者、体制机制创新载体、教育培训基地、就业创业阵地和脱贫攻坚主战场（贾敬敦，2017）。

2.1.2 建设成效与发展模式

农业科技园区是农业科技工作的重要抓手，是推动农业现代化发展的重要增长极，是乡村振兴的助推器。各级农业科技园区为生物、信息、装备等关键技术的研发转化提供了平台（李同昇和罗雅丽，2016），有力推动了生物种业、观光农业、订单农业等新兴产业和新业态的发展（申秀清和修长柏，2012），促进了创新人才、科研机构、科技资本等创新要素在园区内与企业、合作社、农户等经营主体不断融合（郑宝华等，2014）。科技园区通过带动乡村创业就业和提高农民收入促进乡村社会稳定（蒋和平和崔凯，2010），并为解决日益严峻的乡村"空心化"问题提供广阔空间（周文静和杨忠国，2007），县域经济增长和农村就地城镇化也能从园区获得持久动力（陈江龙等，2013）。在农业科技园区的发展过程中，形成了具有典型代表性、可借鉴性和可操作性的多种发展模式。按照建设和运营主体的差异，园区可以分为政府主导型、企业主导型、科研单位主导型（吴普特，2001），从核心功能维度可以划分为技术创新与孵化模式、特色技术示范模式和农业综合发展模式（王朝全，2004），还可以按产业特征、技术含量和科技带动能力对农业科技园区进行不同分类（蒋和平，2005）。农业科技园区在实践中形成了农业科技企业孵化型、"设施农业＋企业化"型、农业技术推广创新型、"特色农业＋龙头企业＋专业协会＋农户"型四种主要的运行模式（蒋和平和宋莉莉，2006；蒋和平和崔凯，2009）。也有部分学者对农业科技园区的产业化经营机制、科技机制、管理机制等机制问题进行了探讨（申秀清，2014）。

2.1.3 存在问题与对策建议

虽然我国农业科技园区建设卓有成效，但由于农业科技园区在我国建设和发展的时间较短，导致园区在区域布局、功能定位、经营效益、运行机制等方面仍然存在不少问题（陈栋等，2006）。在建设起步阶段面临总体规划缺乏、战略定位不清晰、偏离农业创新高地建设目标、产业基础薄弱等难题（杨其长，2001），随后又出现了科研人才和经营管理人才匮乏等问题（王树进，2003），经营管理体制障碍使得农业科技园区难以培育大型龙头企业（陈栋等，2006），职能交叉造成工组协调不畅（蒲实和袁威，2018），农业科技园区对周围农民的科技示范推广能力弱（蒲实和袁威，2018），产业、就业、收入带动能力还不够强劲（郭红和邹弈星，2011），对当地经济社会发展的引领作用有限，经济效益未达预期（赵建亚等，2012）。随着园区类型的增多和数量的快速扩张，政策和资金扶持方向不精确的问题日益突出（汪丽等，2015），乡村土地制度等在内的产权制度以及农业园区有关的配套政策也未能有效支撑农业科技园区发展（王树进，2003；申秀清，2014）。推动农业科技园区发展的政策主要有加强功能布局规划、推行企业化经营、创新运行机制、提高管理效率、做强优势产业、强化科技创新转化能力、完善财税土地支持政策、充分利用国家支持科技创新政策、发挥以人才为核心的技术外溢等效益等（孙江明，2002；吴海燕等，2014；钟瑛，2001；夏岩磊，2018），但相关政策建议缺乏对实施条件及风险的充分讨论。

2.2 农业科技园区创新能力评价及影响因素研究

创新是农业科技园区发展的根基，伴随着我国传统农业的转型升级和创新驱动发展战略的实施，园区发展评价主要围绕科技创新能力展开，并成为学术界的研究热点。国内学者从不同切入点出发构建了农业科技园区创新能力的评估指标体系，并以典型农业科技园区为例对创新能力进行评价，明晰创新能力的影响因素。这方面的研究占现有农业科技园区文献的绝大多数。

2.2.1 创新能力评价

基于农业科技园区的创新过程和战略定位构建指标体系，运用层次分析、专家赋权、数据包络分析等不同方法，以典型农业科技园区为例对创新效率及创新能力评价的研究成为农业科技园区实证研究的主流。刘志春和陈向东（2015）、陈洪转（2013）应用投入产出水平指标体系对我国科技园区创新效率进行了评价。褚保金和游小建（1999）围绕产品竞争力、科研环境、政策支持、经营水平、产业基础等环节设计了园区科技创新能力监测指标体系，刘国强和李友华（2001）、杨秋林（2003）从经济、社会、生态效益入手，将科技、资金、人才、管理等因素都纳入园区综合评价指标体系，潘启龙和刘合光（2013）进一步从基础设施、园区规模、区位优势和市场环境等六方面建立了更加完整的评价指标体系。在"大众创业、万众创新"的浪潮下，研究者尝试从创新水平、创新支撑、创新绩效等方面构建指标体系，并运用专家意见和层次分析法确定农业科技园区创新能力的评估模型（刘丽红和李瑾，2015；孙娟等，2016）。彭竞和孙承志（2017）构建了包括运营管理、产品研发、体制机制、金融支持、人才吸引、文化氛围六个创新维度（24项指标）的农业科技园区创新能力评价指标体系，并以国家级农业科技园区为例进行评价，类似的研究还有夏岩磊和李丹（2017）、雷玲和陈悦（2018）、霍明等（2018）。周华强等（2018）的文章在以往评价研究的基础上了有了进一步突破，他们以问题为导向，从科技园区创新引领、创业孵化、示范带动三大功能视角出发构建的评价指标体系一定程度上解决了评价指标和现实功能定位"两张皮"的现象。

2.2.2 创新能力影响因素

要素禀赋、发展环境、政策支持是农业科技园区科技创新能力的关键影响因素。发达国家的经验表明，园区管理体制创新、政府扶持政策、金融支持共同推动了农业科技园区的快速发展（Phillimore，1999；Li，2015），围绕生命科学和食品科学等前沿技术创立的孵化中心是园区创业创新的主力军（Alston, Pardey, 2014；Ng et al., 2017）。彭竞等（2017）认为产品研发是我国农业科技园区创新的最关键环节，它与新技术应用水平、新产品推出速度、成本费用、利润率共同决定了园区的创新能力，人力资源、研发经费、孵化能力、学习能力和社会资本等是园区创新能力的主要源泉（杨敬华，2008；周立军，2010），郑宝华等（2014）通过结构方程模型发现发展环境（设施、政策、市场和金融）对园区的创新绩效具有显著影响，技术引进、推广效果和创新平台被一个 SNA 方法的研究认为是影响园区创新绩效的最关键因素（姚昉，2015）。王俊凤和赵悦（2016）发现财政投入、信贷资金、民间资本和风险投资能有效提高农业科技园区创新能力，夏岩磊和李丹（2017）认为创新能力与园区成立时间及类别有关，园区成立越早，其创新能力越强，依托传统农业和粮食产区的园区创新能力相对较强。不同类别园区在创新能力建设中的最重要制约因素也不同，R&D 人员投入不足是创新引领区和创新示范区最重要的制约因素，授权发明专利数不多是创新稳健区最重要的制约因素（霍明等，2018）。

2.3 农业科技园区发展效应研究

通过农业科技成果转化提升农村经济发展、促进农业发展和农民增收是农业科技园区的首要目的。尽管农业科技园区对农业经济增长、乡村社会发展的作用越来越受到重视，但这方面的研究还依然停留在相对狭窄的范围，主要集中在从理论层面论述农业科技园区带动乡村发展的实现路径，以某一地区或个别农业科技园区为例，对其示范带动效应、综合效应等进行简要描述，对制约农业科技园区发展效应的因素进行探讨等。

2.3.1 发展效应作用路径

农业科技园区利用研发孵化、生产加工、示范带动、产业集聚、教育培训和休闲观光六大功能协调乡村经济、社会、生态发展，推动社会主义新农村建设，统筹"三化"协调发展（芮正云，2014）。农业科技园区对经济社会发展的带动作用集中表现在充分利用劳动力、提高市场活力、推动基础设施建设、提高农民收入和改善社会关系等方面（朱学新和张玉军，2013）。主要通过以下路径来提高农业生产力和增加农民生活收入：一是通过科技带动使周边地区农民把先进的农业新技术应用于农业生产，从而提高农业生产效益；二是通过产业带动在园区发展种养业、农产品加工业和农业中试基地建设，吸纳周边地区的农民来园区就业，促进农民向农业向关联产业转移，增加农民就业机会；三是通过市场需求带动开展就业人员的技能培训，使农民通过培训学习相关的专业知识和操作技能，掌握相应的专业技能和农业设施管理方法（蒋和平和崔凯，2010）。这些研究缺乏对农业科技园区与周边产业、乡村互动发展的有关理论机制的探讨，没有明晰农业科技园区"三农"作用发挥的内在逻辑和机理。

2.3.2 发展效应及制约因素

对园区综合效应、示范带动效应、产业集聚效应以及农业科技园区与乡村经济社会发展的互动影响等几个方面的研究表明，我国农业科技园区在产业、就业、收入方面的带动作用还不够强劲（郭红和邹弈星，2011），对当地经济社会发展的引领作用有限。郭红和邹弈星（2011）利用因子分析法对四川省30个省级园区的综合效益（经济效益、示范带动能力和目前具备的科技创新推广能力）进行了评价。孟欢欢（2014）、张晓宁和孙养学（2017）以典型农业国家农业科技园区为例，对园区的示范带动能力进行了考察并识别了示范带动能力的主要影响因素，认为园区企业、农户及政府的要素投入是影响农业科技园区带动能力的主要因素，园区技术集聚水平是影响带动作用的关键因素（赵黎明和翟印礼，2014）。夏岩磊（2018）基于增长极理论，对农业科技园区建设的短期要素集聚效应、长期创新能力辐射效应以及两者的综合效应进行评价的结果表明，长三角区域的农业科技园区在整体上很好地发挥了要素集聚作用，并逐步发挥创新能力的辐射功能，合理的空间布局是影响园区极化—扩散综合效应的内在关键因素。类似地对园区综合效益开展研究的还有雷玲和钟琼林（2018）等。经营规模小（顾焕章和张景顺，1997；朱玉春和霍学喜，1999）、经营者科技素质低（张淑辉和郝玉宾，2014）、农技推广体系功能不健全（何淑群和古秋霞，2012；黄季焜等，2009）等问题制约着园区科技创新成果的高效转化和农业高新技术产业的发展，阻碍了农业科技园区带动农业农村发展的步伐（朱海东等，2016），同时，乡村公共服务的落后，阻碍了稀缺要素长期参与农业科技园区发展的积极性。当前，学界对农业科技园区发展效应的研究还处于"碎片"状态，深入系统的实证研究更是凤毛麟角。

2.4 农业科技园区集聚效应研究

集聚效应早已是制造业、工业园区研究的热点，但在农业科技园区领域的应用并不多。尽管部分研究从碎片化的角度对集聚效应进行了案例分析，但在探讨不同发展阶段的园区的集聚机理及聚集效应程度方面还缺乏系统全面的探讨和回应。

2.4.1 集聚效应的内涵要义

一旦产业园区与周边产业形成产业链关系，周边的产业也会开始成长（罗必良和胡茬光，2007；吕超和周应恒，2011），这是农业科技园区集聚效应的重要体现。农业科技园区具有带动农村区域发展增长极的特征（马琼和史建民，2007）。农业科技园区集聚水平通过孵化效应、匹配效应、溢出效应对协同创新产生正向影响（王爱民和张培，2017）。农业科技推广的效率与集聚水平成正比（杨海蛟等，2012）。农业科技园区带动生态旅游（Geng et al.，2010）、农业观光企业（Yang et al.，2010）的作用非常突出。赵黎明和翟印礼（2014）用不变替代弹性（constant elasticity of substitution，CES）模型测算了许昌农业园的集聚效应，发现该园区打造出了以花卉园区为核心的十大产业集群区，范围涵盖整个许昌农业，但还是没有真正形成强大的集聚效应。

2.4.2 不同发展阶段集聚效应的机理及特点

集聚效应不同研究领域的成熟观点，对于不同发展阶段农业科技园区具有重要启示。对于起步期的农业科技园区而言，产业集聚动因的研究更加重要。产业集聚是最终产品、专业组件、零组件、机器设备服务供货商、金融机构及其相关产业在空间上的集聚（Krugman，1991），集聚的企业会按照市场机制与产品需要协同合作、相互连接（Yeh & Chang，2003），能够实现专业分工、资源共享与规模经济，可以提升产业竞争力（Caniëls & Romijn，2003）。因为资源禀赋上的优势、交通运输成本、基于固定成本的规模报酬、专业化的供应商、劳动力市场和基于知识外溢性的外部经济（Dixit & Stiglitz，1977），产业集聚的形成具有路径依赖的特征，即企业的偶然集中，以及由集聚带来的外部经济的不断自我累积和强化促使集聚的力量不断增强（Meyer‐Stamer，1999）。

对于发展期与所在地农业集聚发展的农业科技园区而言，产业链的相关研究尤为重要。产业园区描述了产业集群"有界的地理范围"，产业链描述了企业之间的相互关联性。产业链中，上下游产业的合作是技术和知识传播的重要途径，产业通过合作来获取新的技术和知识（Takeishi，2001），政策法令、产业政策对产业链的形成有着关键的影响（Porter，1996），政策能够引导产业集聚朝向明确的定位发展，安排相关的产业靠拢聚集，补齐产业链（Le，1996）。

对于成熟期需要带动区域经济发展的农业科技园区而言，多样化集聚效应的研究更加重要。专业化集聚可以使企业从同一行业获取集聚的收益，多样化集聚则可以使企业从整个区域范围内获得集聚的利益（Henderson et al.，1995）。协同集聚区域发展的重要性日益突出，主要是水平关联行业及上下游关联行业之间的集聚（Ellison & Glaeser，1999）。区域分工水平越高，工资就越高。因为产业多样化程度越高，越有利于劳动者人力资本积累，从而带来劳动技能与劳动生产率的提升（Glaeser & Mare, 2001；Gould, 2007）。另有研究发现，多样化集聚促成的劳动力市场更大，有利于劳动者之间更好地匹配，匹配促进生产率，因而有利于劳动工资的提升（Matano & Naticchioni, 2012）。

2.5 国内外相关研究的简要述评

目前国内已有文献从学理上对我国农业科技园区的发展现状、特点及其对农业农村发展的作用路径进行了不同层面的研究，对农业科技园区科技创新能力及其影响因素进行了有益探索。这些研究为我国农业科技园区的发展提供了理论依据，也为本书研究的开展奠定了良好的基础。随着中国步入经济发展新阶段，创新驱动发展和乡村振兴成为新时代的国家重大战略，两大战略的实施为农业科技园区的发展带来诸多有利条件和机遇的同时，也对其发展提出了新的要求和挑战。当前，农业科技园区发展的宏观环境和微观基础正在发生划时代巨变，农业科技园区内涵定位、组织形式、瓶颈问题、突破方向、评价视野、作用效益等方面的研究热点也随之不断变化。但当前学界有关农业科技园区的研究还停留在最初层面，未能跳出单纯从园区发展出发进行研究的局限，局限于评估特定园区科技创新能力、增加农民收入等狭窄议题，快速变化的战略环境并未扩展园区政策和学术研究视野。农业科技园区的研究需要结合园区发展内外环境变化、功能定位变化以及国家战略变化，在更广阔的视野下继续深入推进。随着乡村振兴战略的实施，农业科技园区集聚效应的研究，未来有望成为重要的研究趋势之一。

具体来看，第一，研究视角，绝大部分文献单纯从园区自身发展出发开展研究，很少关注园区与所在地经济社会系统的互动关系，也没有预见性地探讨园区发展融入乡村振兴战略的制度衔接和政策配套问题。

第二，研究内容，现有研究主要关注园区的科技功能，园区带动乡村振兴的综合功能没有得到应有的重视，未能揭示优惠政策和市场机制对园区发展的差异化影响，也没有对园区内外要素、市场主体、产业之间的互动机制进行回应与探索。

第三，研究方法，已有文献主要用层次分析、数据包络等实证方法评价园区的科技创新能力，此类研究缺乏规模经济和产业集聚等经典理论基础。同时受数据获取及匹配问题的限制，通过计量经济学模型分析园区发展影响因素的研究目前并不常见。

总体看来，相比工业园区集聚发展带动城镇化进程的大量研究，集聚效应鲜见诸农业科技园区的研究。起步期的农业科技园区怎样才能吸引企业和科研机构入驻？有一定农业产业基础的农业科技园区，如何通过带动所在地农业产业发展获得集群优势？发展较为成熟的农业科技园区，怎样通过带动非农产业发展获得更加完备的产业链和更积极的政策支持？这些问题是农业科技园区长远发展的根本性问题，也是其发挥引领示范作用的关键所在，现有研究主要关注科技创新能力的评价，很少系统分析上述机制性问题。本书将以两个不同维度的集聚效应为切入点，系统回答上述问题。围绕创新驱动发展和乡村振兴两大战略需求，对我国农业科技园区的内部集聚效应和外部集聚效应的形成机理、集聚水平、集聚发展经验，以及集聚发展的短板瓶颈等进行深入系统的分析，为推动园区形成并充分释放集聚效应，实现园区发展和区域经济社会发展的良性循环提供科学的政策建议。

第3章

发展回顾：我国农业科技园区发展历程、结构特征及短板瓶颈

经过20多年的发展，我国已经初步形成了以国家农业高新技术产业示范区为引领，以国家农业科技园区为支撑，以省级农业科技园区为基础的层次分明、功能互补、特色鲜明、创新发展的农业科技园区体系（中国农村科技编辑部，2018）。截至2022年底，已经建成4家农业高新技术产业示范区，近300家国家农业科技园区，以及5000多家省级及地市级农业科技园区，覆盖中国所有省、自治区、直辖市、计划单列市及新疆生产建设兵团。国家农业科技园区作为农业科技园区体系的核心组成部分，既是省级农业科技园区发展目标，更是未来农业高新技术产业示范区的来源，主要采取政府主导的运行模式，在保障国家粮食安全、加快农业科技创新、推动农业产业升级等方面已经做出了重要贡献，取得了良好的经济效益、社会效益和生态效益，为农村发展注入了活力，为乡村振兴提振了信心。因此，本书将重点以国家农业科技园区为例，对我国农业科技园区发展现状、集聚效应等进行系统研究。

当前，国家农业科技园区建设进入关键转型升级期，梳理追踪国家农业科技园区发展脉络、政策环境和结构特征，追溯国家农业科技园区设立之前的农业、农村发展背景，归纳农业科技园区支持政策及配套政策的出台原则，总结扶持政策与园区阶段性发展特征之间的关系，从区域、省

际、农业区划、成立批次等维度摸清园区的空间分布，从产业特点、运行管理模式等层面分析园区发展现状，总结其对拉动县域经济发展和解决"三农"问题的阶段性贡献，剖析园区发展的问题，显得尤为迫切与重要，是促进农业科技园区高质量发展首先要解决的问题，也能为国家农业科技园区升级为农业高新技术示范区建设的相关评价提供决策支撑。

3.1 农业科技园区发展历程及政策演进

农业科技园区是20世纪90年代我国农业现代化建设中涌现出的一种新型农业发展与农业科技成果转化模式（蒋和平和崔凯，2010；丁凤珍和王嘉虎，2018）。2000年中央农村工作会议肯定了各地农业科技园区的实践成果，《中共中央、国务院关于做好二〇〇〇年农业和农村工作的意见》首次提出"抓紧建设具有国际先进水平的重点实验室和科学园区，并制定扶持政策"。2001年，全国农业科技大会上将建设国家农业科技园区列为其中一项重大科技行动，并正式纳入《农业科技发展纲要（2001—2010年）》，提出了建设50个国家农业科技园区的目标。国家农业科技园区的发展演变路径如图3-1所示。

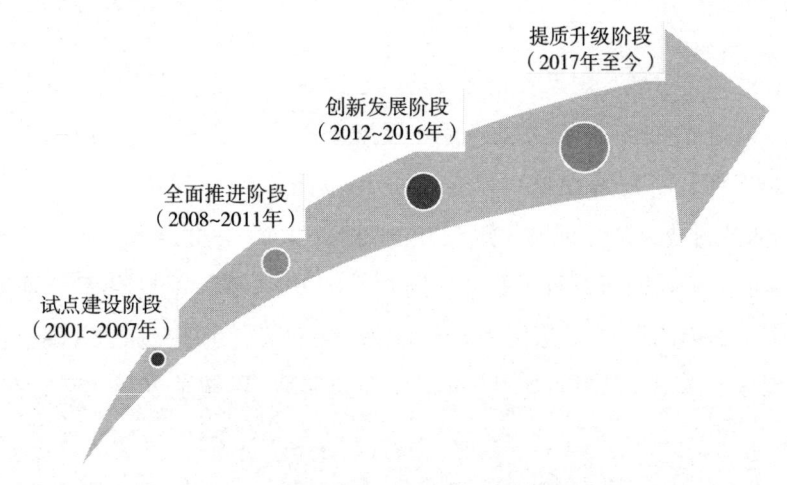

图3-1 国家农业科技园区发展演变路径

3.1.1 试点建设阶段（2001~2007年）

2001年7月，为了进一步贯彻落实全国农业科技大会的精神，促进农业产业结构调整，加速农业科技成果转化，推进新的农业科技革命，加快农业现代化进程，科技部会同农业部、水利部、国家林业局、中国科学院及中国农业银行等部门成立了国家农业科技园区部际协调指导小组，组建国家农业科技园区联合办公室，制定发布《农业科技园区指南》与《农业科技园区管理办法（试行）》。并采取先行试点、总结经验、稳步推进的运行方式，分别于2001年和2003年启动了第一批、第二批共36个国家农业科技园区的试点建设工作，其中东部地区、中部地区、西部地区分别为12个、11个、13个。获批园区按照"政府指导、企业运作、中介参与、农民收益"的原则，逐渐形成政府主办、企业主办，以及科研单位和政府、企业合办等多种园区建设与管理模式。2007年推出《国家农业科技园区综合评价指标体系》，与《农业科技园区指南》《农业科技园区管理办法》一起构成完整的园区管理体系，引导园区健康、规范发展（孙洁，2018）。

3.1.2 全面推进阶段（2008~2011年）

经过多年发展，国家农业科技园区（试点）建设工作在农业技术组装集成、科技成果转化、现代农业生产及新型产业培育等方面均取得重要进展。2008年，科技部根据《国家农业科技园区综合评价指标体系》和《国家农业科技园区评价验收规范》的要求，对第一批、第二批试点建设的国家农业科技园区进行了验收；同时，在2010年和2011年又分别启动了第三批、第四批共35家国家农业科技园区的试点建设，标志着国家农业科技园区工作已经从试点建设转向全面推进阶段。[①] 截至2010年底，65家

[①] 国家农业科技园区发展历程［EB/OL］. 人民网，2013-12-26. http://scitech.people.com.cn/n/2013/1226/c1057-23947109.html.

国家农业科技园区企业总数为 6032 家，核心区建成面积 263.47 万亩，总投资额达 320.35 亿元。①

3.1.3 创新发展阶段（2012~2016年）

《"十二五"国家农业科技园区发展规划》的出台，标志着我国农业科技园区发展进入创新发展阶段。规划中明确提出，启动杨凌国家现代农业高新技术示范区、黄河三角洲国家现代农业科技示范区以及 120 个左右的国家农业科技园区的建设工作。随后，国家农业科技园区受到更多的重视与关注，在各年的中央一号文件中均有提及。2013 年，科技部批准建立第五批共 46 家国家农业科技园区，并成立了国家农业科技园区协同创新战略联盟，标志着我国国家农业科技园区工作开始由政府主导的行政化管理向联盟主导的社会化管理模式转变。科技部的数据显示，截至 2013 年底，国家农业科技园区核心区面积达 300 万亩，示范区 5000 万亩，辐射区 2 亿亩，累计引进培育新品种 3.82 万个，推广新技术 1.6 万项，园区农业科技贡献率约 60%，科技成果转化率超过 70%，园区入驻涉农企业 6376 家，年产值 4827 亿元，累计培训农民超 800 万人次。其中，2013 年园区吸纳农村就业人数 76.3 万人，园区平均农村纯收入高出周边地区 30% 以上。②

3.1.4 提质升级阶段（2017年至今）

2017 年发布的《"十三五"农业农村科技创新专项规划》，将国家农业科技园区的升级版农业高新技术产业示范区纳入创建计划，2017 年《中共中央 国务院关于深入推进农业供给侧结构性改革 加快培育农业农村

---

① 商务部投资促进事务局，中国农业科学院农业资源与农业区划研究所. 农业产业投资促进报告 2014 [R].
② 国家农业科技园区协同创新战略联盟成立 [EB/OL]. 新华社，2013-12-30. http://www.gov.cn/jrzg/2013-12/30/content_2557057.htm.

发展新动能的若干意见》提出要提升农业科技园区建设水平，完善国家农业科技园区管理办法和监测评价机制，我国国家农业科技园区建设正式进入转型提升阶段。随后，国务院办公厅印发《关于推进农业高新技术产业示范区建设发展的指导意见》，对促进农业科技园区提质升级、推进农业高新技术产业示范区建设发展进行全面部署，提出到2025年，要建设30家国家农业高新技术产业示范区，并将其打造成具有国际影响力的现代农业创新高地、人才高地、产业高地。2018年制定了《国家农业科技园区发展规划（2018—2025年）》。随后，《国家农业高新技术产业示范区建设工作指引》《国家农业科技园区管理办法》等文件相继发布，为新阶段农业科技园区提质升级建设指明了方向。国家农业科技园区相关的政策文件如表3-1所示。

表3-1 国家农业科技园区相关政策文件汇总

序号	年份	发文单位	文件名	核心要点
1	2001	科学技术部	《农业科技园区指南》《农业科技园区管理办法（试行）》	对农业科技园区指导思想、原则、目标、基本要求、发展重点、组织管理、申报与审批、考核与管理等进行了详细说明
2	2007	科学技术部、农业部、水利部、国家林业局、中国科学院、中国农业银行	《关于印发"十一五"国家农业科技园区发展纲要的通知》	明确了"十一五"时期园区工作的总体目标和重点任务
3	2007	科技部、农业部、水利部、国家林业局、中国科学院和中国农业银行	《国家农业科技园区综合评价指标体系》	与《国家农业科技园区指南》和《国家农业科技园区管理办法（试行）》一起构成完整的园区管理体系，引导园区健康发展、规范管理
4	2012	科技部	《关于印发"十二五"国家农业科技园区管理办法的通知》	对国家农业科技园区的管理机构、管理细节进行了规定

续表

序号	时间	发文单位	文件名	核心要点
5	2011	科技部	《国家农业科技园区"十二五"发展规划》	启动杨凌国家现代农业高新技术示范区、黄河三角洲国家现代农业科技示范区以及120个左右的国家农业科技园区
6	2012 2013	国务院	《关于加快推进农业科技创新持续增强农产品供给保障能力的若干意见》《关于加快发展现代农业进一步增强农村发展活力的若干意见》	推进国家农业高新技术产业示范区和国家农业科技园区建设
7	2014	国务院	《关于全面深化农村改革加快推进农业现代化的若干意见》	推动发展国家农业科技园区协同创新战略联盟，支持现代农业产业技术体系建设
8	2015	国务院	《关于加大改革创新力度加快农业现代化建设的若干意见》	依托国家农业科技园区搭建农业科技融资、信息、品牌服务平台
9	2016	国务院	《关于落实发展新理念加快农业现代化实现全面小康目标的若干意见》	深化国家现代农业示范区、国家农业科技园区建设
10	2017	国务院	《关于深入推进农业供给侧结构性改革加快培育农业农村发展新动能的若干意见》	提升农业科技园区建设水平，完善国家农业科技园区管理办法和监测评价机制
11	2018	国务院	《关于推进农业高新技术产业示范区建设发展的指导意见》	对促进农业科技园区提质升级、推进农业高新技术产业示范区建设发展进行部署
12	2018	科技部、农业部、水利部、国家林业局、中国科学院、中国农业银行	《国家农业科技园区发展规划（2018—2025年）》	到2025年，把园区建设成为农业科技成果培育与转移转化的创新高地，农业高新技术产业及其服务业集聚的核心载体，农村大众创业、万众创新的重要阵地，是城镇村融合发展与农村综合改革的示范典型

续表

序号	时间	发文单位	文件名	核心要点
13	2018	科技部、农业农村部、水利部、国家林业和草原局、中国科学院、中国农业银行	《国家农业科技园区管理办法》	对园区组织机构及职责、申报与审核、建设与管理、验收与评估等进行了进一步的明确与细化
14	2020	科技部、农业农村部、水利部、国家林业和草原局、中国科学院、中国农业银行	《国家农业科技园区管理办法》	是对《国家农业科技园区管理办法》(2018)的修订

3.2 农业科技园区发展概况及重大特点

3.2.1 我国已经建立了层级多元、覆盖广泛的农业科技园区体系

1. "农高区+国家级园区+省级园区"的多层级园区体系

围绕集聚创新资源和高新技术产业的战略目标，中国已经构建形成以国家农业高新技术产业示范区为引领，以国家农业科技园区为支撑，以省级农业科技园区为基础的梯次接续的农业科技园区体系（孙康泰，2021）。20世纪90年代，伴随着科教兴国战略的提出，全国掀起了高新技术开发区建设的热潮，农业科技园区的建设也随之涌现。2001年，正式启动国家农业科技园区的建设，山东寿光、浙江嘉兴、北京昌平、天津津南等21个农业科技园区被批准为第一批"国家农业科技园区（试点）"，并在2008年对首批国家农业科技园区的建设情况进行了验收。随后，国家农业科技园区的建设加快推进，2013年、2015年、2016年、2018年分别启动第五批次、第六批次、第七批次、第八批次国家农业科技园区建设，并分别在2017年、2018年、2019年、2021年对这些批次建立的园区进行了验收。截至2021年底，前八个批次验收通过的国家级农业科技园区为271家，各

发展回顾：我国农业科技园区发展历程、结构特征及短板瓶颈

批次批准建立的时间、验收通过的时间以及数量如图 3-2 所示。在 2020 年底，又启动了第九批共 25 家园区的建设。

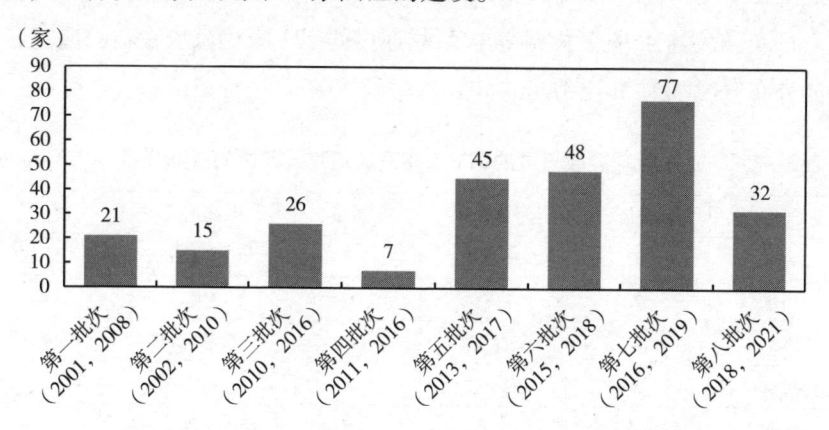

图 3-2 国家农业科技园区 1~8 批次验收通过的园区数量

注：横坐标中的年份数据，第一个年份是指试点开始建设的时间，第二个年份是验收通过的时间。如第一批次（2001，2008）表示的是第一批次的园区 2001 年启动建设，在 2008 年完成验收。

随着农业科技园区集聚效应的释放，科技部开始升级建设农业高新技术产业示范区，在国家级农业科技园区中，择优遴选培育国家级农业高新技术产业示范区，打造具有国际影响力的现代农业创新高地、人才高地、产业高地，截至 2022 年 4 月，已设有陕西杨凌、山东黄河三角洲、山西晋中、江苏南京、吉林长春、黑龙江佳木斯、河南周口、内蒙古巴彦淖尔、新疆昌吉 9 个示范区，到 2025 年每省将有 1 家国家级示范区（科技部，2018）。

另外，截至 2021 年底，我国还建立了与之配套的省级农业科技园区 1274 家，地市级农业科技园区 4000 多家。围绕高质量建设农科园区，科技部系统提出农业科技园区"333"战略布局，即到 2025 年，在全国建设 30 家国家农业高新技术产业示范区、300 家国家农业科技园区、3000 家省级农业科技园区。

2. 园区覆盖广泛，但在区域、省际等层面的分布不均衡

农业科技园区分布广泛，基本覆盖了我国所有省、自治区、直辖市、计划单列市和新疆生产建设兵团，但各区域、各农业区划和各省份分布不

均。科技部数据显示，截至2021年4月，我国农业科技园区在全国地级市覆盖率达64%，省际农业科技园区在全国县（市、区、自治县、旗、自治旗）的覆盖率达45%。1～8批次验收通过的271家国家农业科技园区各省市的分布情况如表3－2所示。

表3－2　1～8批次验收通过的271家国家农业科技园区的省际分布　单位：家

东部地区	数量	西部地区	数量	中部地区	数量
北京	7	甘肃	9	安徽	16
福建	7	广西	6	河南	14
广东	8	贵州	10	湖北	10
海南	3	内蒙古	8	湖南	12
河北	14	宁夏	5	江西	8
江苏	12	青海	5	山西	4
山东	22	陕西	9	合计	64
上海	3	四川	9	东北地区	数量
天津	2	西藏	4	黑龙江	6
浙江	8	新疆	16	吉林	6
		云南	11	辽宁	6
合计	86	重庆	11	合计	18
		合计	103		

从区域上看，西部地区数量最多，占比最大，为103家，占比38%，平均每个省份有8.58家；其次是东部地区，有86家，占比32%，平均每省有8.6家；再次是中部地区，有64家，占比23%，平均每省有10.7家；东北地区总数和每省平均数量均最少，总数为18家，占比7%，各省都是6家（见图3－3）。

从省际分布来看，山东有22家，数量居全国首位。新疆和安徽均为16家，位列第二；国家农业科技园区数量大于等于10家的省份还有河南和河北（均为14家）、江苏和湖南（均为12家）、重庆和云南（均为11家）、贵州和湖北（均为10家）。国家农业科技园区相对较少的省（区、市）分别是天津（2家）、海南（3家）、上海（3家）、山西和西藏（都为4家），均在5家以下（见图3－4）。

发展回顾：我国农业科技园区发展历程、结构特征及短板瓶颈

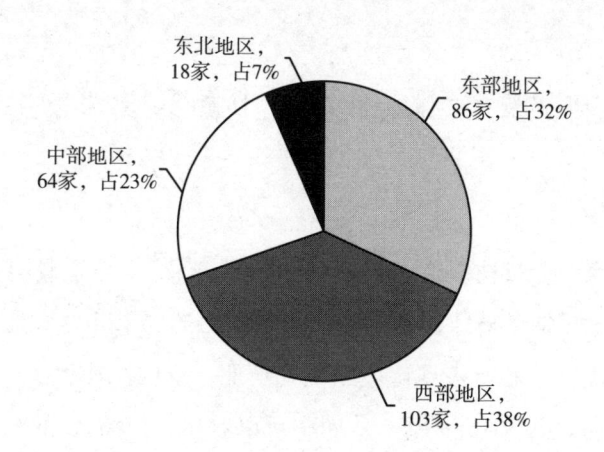

图3-3 1~8批次验收通过的271家国家农业科技园区的区域分布

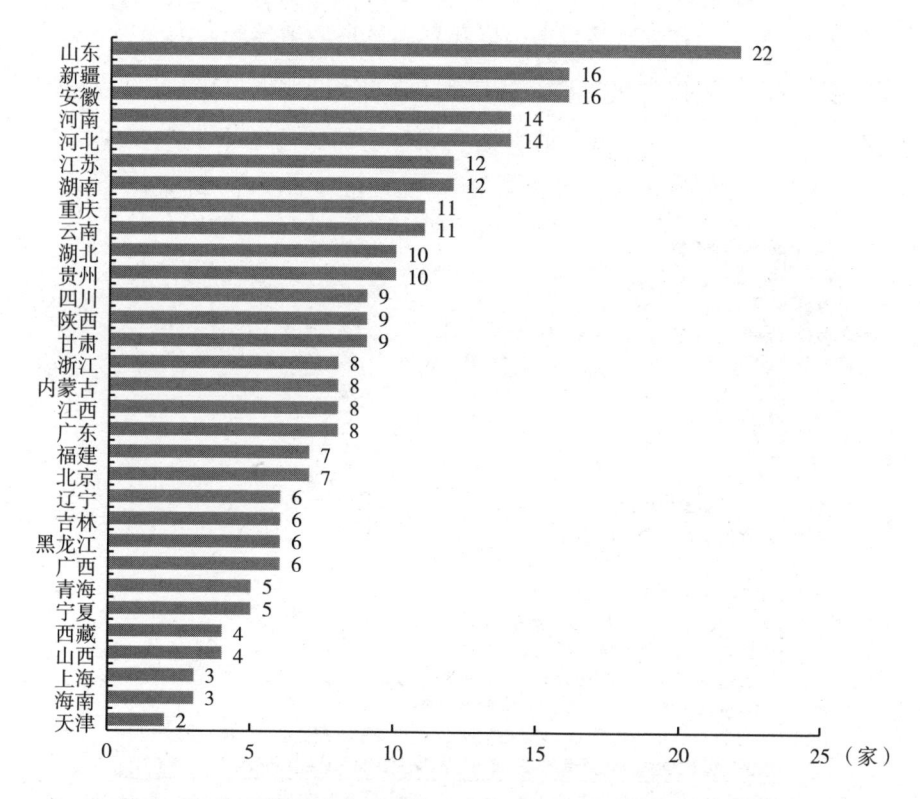

图3-4 1~8批次验收通过的271家国家农业科技园区的省际分布

从农业区划分布来看，长江中下游区、黄淮海区、西南区的园区较多，占到了全部园区的六成左右。

3.2.2 园区主导产业特色鲜明，以蔬菜、林果类为主导产业的超过三成

按照国家农业科技园区"一园区一主导产业"、打造具有品牌优势的农业高新技术产业集群、提高农业产业竞争力的要求，各农业科技园区依托当地资源优势，发展各具特色的主导产业。271家国家农业科技园区的主导产业布局如图3-5所示。从图中可以看出，15.62%的园区选择蔬菜作为自己的主导产业，15.46%的园区选择林果作为自己的主导产业，两者占比超过三成。而在地理位置上，以蔬菜和林果为主导产业的园区大部分都离城市较近。将粮食和畜禽作为主导产业的园区比例也较高，两者占比达20.35%。其中，以畜禽、饲料为主导产业的园区基本集中在内蒙古、宁夏、青海、新疆等地区，占比为10.57%；以粮食为主导产业的园区基

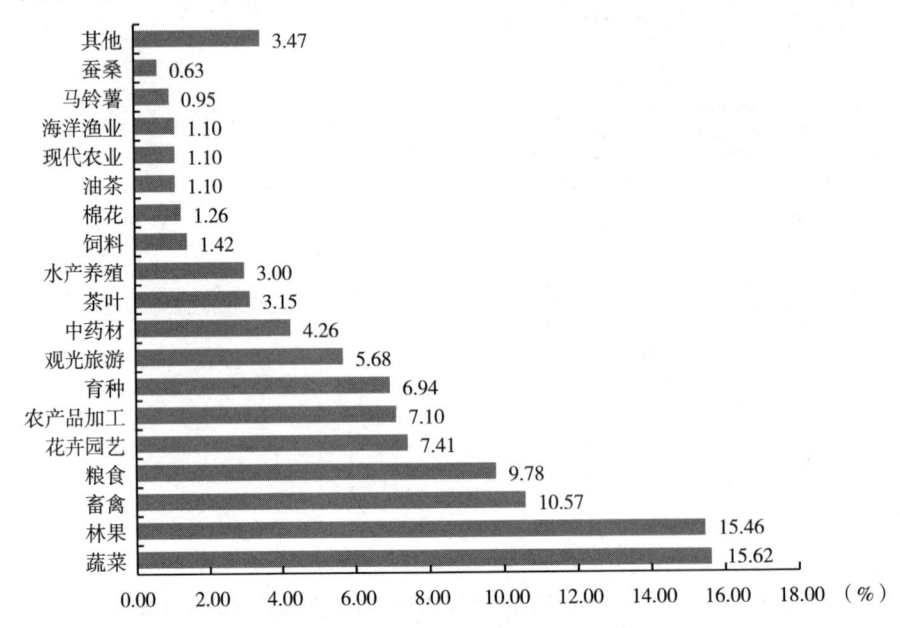

产业	占比(%)
其他	3.47
蚕桑	0.63
马铃薯	0.95
海洋渔业	1.10
现代农业	1.10
油茶	1.10
棉花	1.26
饲料	1.42
水产养殖	3.00
茶叶	3.15
中药材	4.26
观光旅游	5.68
育种	6.94
农产品加工	7.10
花卉园艺	7.41
粮食	9.78
畜禽	10.57
林果	15.46
蔬菜	15.62

图3-5 1~8批次验收通过的271家国家农业科技园区主导产业分布

资料来源：根据35斗、动脉网、蛋壳研究院，以及《2020年国家农业科技园区发展白皮书》相关数据整理。

本集中在东部地区和中部粮食主产区，占比为9.78%。以棉花为主导产业的园区较少，仅为1.26%，而且基本集中在新疆地区。随着国家对育种越来越重视，占比6.94%的园区开始选择将育种作为自己的主导产业。近年来三产融合发展的理念深入，部分园区开始将农产品加工和观光旅游作为发展的主导产业。

在主导产业上，园区注重打造全产业链条，实现产业价值最大化。依托主导产业，构建起种植、精深加工、销售、观光旅游等为一体的全产业链条。山东省国家农业科技园区启动实施农业科技园区产业提升工程，聚集农业创新要素，重点支持海洋生物、特色果业、苗木花卉等主导产业，形成产值过百亿园区产业集群。山东栖霞国家农业科技园区即是代表之一。它是首家以发展苹果和苹果产业为特色的国家级农业科技园区，开展"天空地"一体化的智慧果园建设，推动苹果产业现代化、精准化、智慧化、高端化发展。涪陵国家农业科技园区以榨菜产业为主导，是全球最大的绿色榨菜智能化生产基地，形成了青菜头种子选育、青菜头种植、青菜头加工、榨菜精深加工、附产物开发、产品销售、种植加工技术创新等产加销、科工贸于一体的全产业链，打造了乌江榨菜等品牌。同时，依托全产业链榨菜科技成果展示基地、农业科技培训与科普教育基地、中国榨菜之乡文化创意基地，发展休闲观光业。

3.2.3 园区以政府主导的管委会模式为主，科技服务和成果应用偏少

按照园区建设和运营主体的差异，农业科技园区运行管理模式主要可以分为政府主导型、企业主导型和科研单位主导型。科技部2017年的数据显示，现阶段我国农业科技园区的运行模式主要以政府主导型为主，占比高达87.0%；其次是企业主导型，占9.7%；而科研单位主导型仅占3.3%（见图3-6）。接下来有待向科技服务和成果应用方向发展。

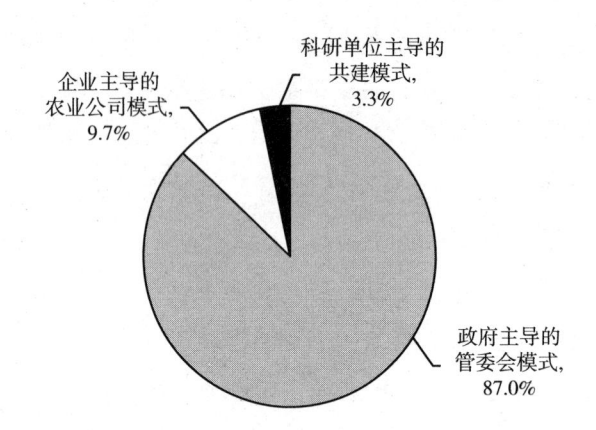

图 3-6　国家农业科技园区的三大运行管理模式及占比

资料来源：《国家农业科技园区发展规划（2018—2025）》。

政府主导的管委会模式，主要是政府通过成立园区管理委员会，负责园区的管理运行。这种园区依靠政府背景，在资源调配方面具有一定优势，能够较快吸引科研机构、农业人才以及社会资本等创新要素的集聚，而且在服务国家决策、落实各项举措方面能较快反应，在加速农业高新技术研究，以及以园区推动区域经济发展、产业升级、结构调整等方面能够发挥积极作用（王菲，2015）。

企业主导的农业公司模式，主要是一家龙头企业或几家企业合作组建新的农业公司，直接参与园区的规划、建设，独立开发、自负盈亏。该模式通过建设标准化基地，开发主导产业，通过形成产业集群，以"公司+基地+农户"等作为运营方式，吸引当地农户进行生产，形成产供销一体化经营模式，最大的特点是追求经济效益最大化，注重市场开发，运行机制较为灵活（刘长柱等，2017）。

科研单位主导的共建模式，是以科研院所、农业大学为核心，通过整合科技、人才、信息、资源等优势，主要建设科研、实验、推广基地等，通过示范园、示范基地等形成示范带动作用，并积极向农户推广相应技术。当前，我国科研单位主导型的共建农业科技园区相对较少。

三大运行管理模式的特点及优缺点如表 3-3 所示。

表3-3　　　　　农业科技园区三大运行管理模式比较

模式名称	运行特点	优缺点
政府主导的管委会模式	政府成立园区管委会，负责园区的规划建设、产业发展和企业服务	具有良好开发条件，在吸引要素集聚方面具有一定优势，但行政性强，管理主体单一，技术与产品与市场容易脱节
企业主导的农业公司模式	由企业直接参与园区的规划、建设，独立开发、自负盈亏	追求经济效益最大化，运营方式灵活，市场化程度高
科研单位主导的共建模式	以科研院所、农业大学为核心，建设科研、实验、推广基地	研发能力强，但在资金筹集、市场推广方面缺少经验

3.2.4 园区发展成效显著，为农业农村高质量发展提供了强力支撑

我国农业科技园区建设规模不断扩大，园区社会功能不断扩展，园区档次标准不断提高，在集聚创新资源、推动农业科技成果转移转化应用，探索农业高新技术产业化发展模式和途径，促进农民增收致富等方面起到了较大的示范和带动作用。

一是创新资源有效汇聚，激发了园区创新创业活力。创新人才、科研机构、科技资本等创新要素在园区内不断集聚，并与园区企业、合作社、农户等经营主体不断融合（见表3-4）。例如，2001~2012年，72个国家农业科技园区引进项目7724个，开发新项目5227个，引进新技术8609项，引进新品种38257个，引进新设施34139套，推广新技术8208项，推广新品种12493个。[①] 如表3-5所示，2012年国家级农业科技园区年产值为4826.88亿元，年利润额为402.38亿元；年出口创汇额为47.48亿元，年缴税费为95.53亿元。[②] "十三五"期间，共建设研发机构5594个、院

[①] 马爱平. 特色立园科技强园带动区域富裕农民——国家农业科技园区十二年发展纪实[J]. 中国科技财富, 2014 (2): 69-74.

[②] 信军. 农业园区规划编制方法问题初探 [EB/OL]. 中国农业科学院网站, https://www.caas.cn/xwzx/zjgd/257956.html.

士专家工作站653个，引进培育企业41425家，建设星创天地544家，累计科技特派员33999人在园区创新创业。[①] 同时，农业科技园区为生物、信息、装备等关键技术的研发转化提供了平台。《国家农业科技园区发展报告》显示，截至2017年底，国家农业科技园区共引进新技术4216个，引进品种9337个。

表3-4　　不同时期国家农业科技园区创新要素集聚情况

年份	入驻企业数（个）	融资额（亿元）	引进项目数（个）	引进技术（个）	引进品种（个）	引进设施（个）
2002	808	113.60	427	474	3135	1114
2010	728	320.35	662	657	3283	3187
2017	—	2532.18	4438	4216	9337	2488

资料来源：《国家农业科技园区发展报告》。

表3-5　　不同时期国家农业科技园区的发展带动作用

年份	年产值（亿元）	年利润额（亿元）	出口创汇（亿元）	年缴税额（亿元）	组织科普讲座（万次）	培训人员（万人次）	吸纳就业人数（万人）	带动周边地区农民致富（万人）
2009	4644.00	431.91	193.95	128.15	2	12244	61	3496
2012	4826.88	402.38	47.48	95.53	5	374	115	1164

资料来源：《国家农业科技园区发展报告》。

二是产业集聚优势显现，发展了一批农业高新技术产业。园区有力推动了生物种业、观光农业、订单农业等新兴产业和新业态的发展，同时发展了一批农业高新技术产业。以商丘国家农业科技园区为例，该园区通过建立"园区+公司+基地+农户+市场"的产业化模式、延伸产业链条、打造生态旅游品牌、发展科创电商产业等多种举措，初步建成资源优势明显、产业基础扎实、技术水平领先、产品价值高端，辐射中部平原地区的现代农业产业集聚区，产业化和城镇化快速提升，区域经济竞争优势显著

---

① 中国农村科技编辑部. 农业科技园区的高新之路 [J]. 中国农村科技，2018 (5): 5.

增强，园区核心区农业科技贡献率达到73.1%，科技成果转化率达到95%（中国农村科技编辑部，2021）。[①]

三是带动乡村创业就业，显著提高了农民收入。《国家农业科技园区发展报告》数据显示，2019年，农科园区平均土地产出率12.16万元/亩，农业劳动生产率18.91万元/人，园区农民人均纯收入比周边地区高出16.60%。截至2019年底，园区总产值为20183.97亿元，是2002年产值154.61亿元的约130.5倍。例如，2020年湖北武汉国家农业科技园区紧紧围绕特色产业，组织开展各类技术培训和讲座，累计培训近10万人次，发放农业技术资料20万余份，带动50多万农户增产增收。2021年，湖北全省11家国家农业科技园区经济效益显著，实现总收入1830.74亿元，辐射带动农民121万余人。

3.3 农业科技园区发展面临的挑战

尽管农业科技园区发展取得了一定的成绩，但是，同预期发展目标相比，园区还存在诸多亟待解决的问题，如部分园区产业化水平不高、优势不突出、带动能力较弱以及管理机制不健全等。

3.3.1 园区发展水平参差不齐，综合能力强的园区占比较低

科技部分别在2019年、2020年、2021年对第1~5批、第6批、第7批园区开展了综合评估。从对国家农业科技园区的综合评估结果即可以看出，评定为优秀的园区不到两成，为45家，仅占全部评估园区的18.6%，不达标园区共有23家，占比接近10%（见表3-6）。尽管现阶段，我国国家农业科技园区对升级成为农高区具有强烈的愿望，但绝大部分仍然没有达到农高区的评判标准（王武强，2016）。

[①] 中国农村科技编辑部. 为农业农村高质量发展提供强力支撑——"十三五"国家农业科技园区的亮丽答卷[J]. 中国农村科技，2021（12）：34-37.

表 3-6　　　　　　　国家农业科技园区综合评估结果

综合评估时间	评估园区数量	优秀园区	达标园区	不达标园区
2019	118	20	85	10
2020	47	10	32	5
2021	77	15	54	8
合计	242	45	171	23

注：2019年各等级评价的园区数量不等于评估园区总数，是因为山西太原园区、山东东营园区和黑龙江哈尔滨园区三个园区依各省科技厅申请退出国家农业科技园区序列。
资料来源：根据科技部网站资料整理而来。

3.3.2　园区科技集成转化能力不强，农业产业集聚和产业融合较弱

大部分园区面临着农业科研成果转化为生产力的速度缓慢、产业化转化速度较低、农业科研工作机制不活、引领产业能力薄弱等问题。许多园区没有完善的技术支撑体系，与高校、科研机构的合作多停留在科技支撑合作协议上，合作关系十分松散，未形成长效合作机制，科技成果转化水平不高，技术扩散模式单一，产品科技含量不高，未能很好发挥园区将高新技术转化生产力的孵化器功能（蒲实等，2018）。新产业和新业态发展不快，农业产业发展层次低，园区主导产业实力不足，大部分园区主要以消费性终端农产品为主，存在产品附加值低、科技含量低、产业链条短等问题，真正具备市场优势的特色产品不多，且各园区在选择主导产业和主导产品时同构化现象较为明显，被广大消费者认可的名品不多，园区农业产业竞争力不强（王爱民等，2017）。园区缺乏具有国际竞争力的农业高新技术企业，园区大多数农业企业规模小、成长性差；园区内各类主体的利益联结机制不完善，农民无法充分分享园区利益，农民参与园区发展的积极性不足。

3.3.3　园区市场化程度不高，发展机制有待完善

我国绝大部分园区的管理体制和运行模式主要是以政府为主导，在园

区发展初期这是适合的,也发挥了重要作用。但是,随着园区发展进入更高阶段,区域市场机制不断完善,政府主导的运行模式的弊端逐渐显现。首先,管理过于行政化和主体单一化。行政管理力量庞大,缺乏应有活力,责、权、利关系不明确,产权边界不明晰,造成其职能不显著、管理效率不高。同时,政府管理模式往往把主要精力放在对外大企业和技术先进企业的招商引资,忽略园区中小企业孵化和产业集群的培育及大学科研机构的合作交流,不利于调动生产者和经营者的积极性。其次,政府管理模式下,对园区内各组织的活动干预性过强,企业化运作与服务能力普遍不足,在科技服务和成果应用方向上仍显不足,容易造成脱离实际地盲目引进国外先进技术,但无法满足实际市场对技术和产品的实际需求,不利于创新成果的转化和经济效益的提高等。最后,园区创业创新服务能力较弱。园区创业创新服务能力弱主要归因于缺乏面向市场的新技术、新产品,缺乏专门的成果转化中介机构,科研机构、高等院校之间的成果转化通道也不通畅,导致园区难以形成创新合力。尽管部分园区拥有孵化器、农业产业科技创新中心和星创天地等载体,但对创业创新主体的综合服务能力尚未达到较高水准,导致园区难以孕育技术水平高、市场空间广、成长潜力大的高科技新锐企业。

3.3.4 与发展相关的配套政策缺乏,土地、资金、人才等方面的制约明显

适当的政策扶持是农业科技园区发展的关键点之一。农业科技园区建设具有周期长、投入大、周转慢、回收率低等特点,因而在农业科技园区建立发展之初,离不开政府的政策支持。在园区起步发展期,单靠自身力量是很难降低高技术的使用成本的,在产品标准化、区域化、品牌化建设方面,如果得不到当地政策的有力支持,很难形成高影响力的农业高新技术产业集群。但当前,土地、资金、人才等方面的支持政策有限,严重制约园区发展。一是核心区建设土地稀缺。园区发展中土地利用缺少法律依

据，土地产权不明晰，用地缺少专项规划，难以形成健全有序的土地流转机制，造成园区核心区建设普遍面临土地稀缺的难题。二是政府财政扶持帮助有限，存在资金不足的问题。虽然各级政府采取担保补助、贷款贴息、费用奖惩和投资基金等方式推进财政资金撬动金融资源支持农业科技园区发展，但与庞大的资金需求相比，仍显不足，而且园区内单个农户因缺乏抵押物而贷款难的问题也普遍存在。三是技术和经营人才匮乏。面对突飞猛进的科技发展潮流和错综复杂的市场竞争环境，农产品研发、生产、加工、销售、服务等领域专业人才的重要性与日俱增，但很多园区难以提供吸引人才、培养人才、留住人才的优越条件。为科技成果与农业发展对接、农业科技专家与新型农业主体对接搭建桥梁的科技经纪人，以及在促进科技创新向产业创新转化方面有专长的科技型企业家这两类人才没有引起特别重视（孙洁，2018）。在既有科研评价模式下，科技人才主动进入园区开展合作，不仅无助于职称晋升，甚至可能对其参加原单位的绩效评价产生负面影响，这将削弱科技人才到园区创业创新的积极性。与此同时，园区缺乏既懂农业经营管理，又熟悉市场规律和行情趋势的人才，严重制约园区产业效益的提升。

第4章

内部集聚效应：创新驱动视角下的农业科技园区创新能力评价
——以京津冀地区7家国家级农业科技园区为例

农业科技园区集聚效应的形成和释放，整体来看包括两个层面，即内部层面和外部层面。内部层面，首先要吸引人才、资本、技术等生产要素及科研机构和高科技企业等市场主体在园区内部集聚，生产要素和市场主体之间互动、协同，就地优化配置形成内部集聚效应，带动园区自身发展。其中，农业科技园区的创新能力是反映园区内部要素资源集聚效应的一个重要维度。外部层面，主要是指通过园区发展带动当地以及促进整个区域发展。通过园区发展，与园区所在地农产品加工、食品制造等农业产业进行互动，促进农业产业升级，通过促进产城、产镇、产村融合统筹城乡发展，发展绿色农业保护农村生态环境，创新体制机制提升农村治理水平等推动农村全面进步，通过加强农民教育培训、营造创业就业良好氛围、开展精准扶贫等大幅度增加农民收入。因此，园区在推动乡村振兴方面的绩效是其外部集聚效应的一个重要体现。在园区内外部集聚效应的关系上，园区外部集聚效应需建立在内部集聚效应的基础之上，是园区集聚效应的更高层次。

因此，有必要首先对农业科技园区的内部集聚效应进行分析。具体地，本书从创新能力的视角来分析内部集聚效应，在对京津冀地区的国家级农业科技园区创新发展的总体状况进行分析的基础上，比较园区创新能力的差异及其产生原因，探讨促进京津冀地区农业科技高地建设和农业科技协同发展的对策建议，以期为加强农业科技园区内部集聚效应，促进区域内农业科技园区协同发展提供重要支撑和参考。

4.1 农业科技园区协同发展是打造京津冀农业科技高地的重要切入点

京津冀地区在国家经济发展中占有非常重要的地位，京津冀协同发展为区域内农业科技资源的整合集聚和优化配置提供了历史机遇。国家农业科技园区是一种新型农业发展与农业科技成果转化模式，是农业科技创新的重要载体，依托现代农业的技术优势，放大农业科技创新、应用、扩散潜力，是聚力打造京津冀地区农业科技高地、促进京津冀地区农业协同发展的重要切入点。农业科技园区协同发展是京津冀协同发展战略的重要内容，是北京发挥农业"高精尖"策源功能、引领京津冀地区现代农业发展的重大举措。随着京津冀协同发展上升为国家战略，各类农业科技园区在京津冀城市群的协同发展力度不断增强。近年来，根据产品市场、企业架构和发展战略，北京农业科技园区内的高科技企业和研发机构在津冀地区的相关园区布局发展，衍生出对北京农业科技园区新产品、新品种、新技术的巨大需求。京津冀的农业产业技术联盟、农业科研平台、农业产业孵化加速平台等公共资源，通过产业基金和股份合作等市场模式，在各级政府引导下，在京津冀地区农业科技园区交叉配置。已有的发展经验表明，北京农业科技园区的"高精尖"优势，需同河北、天津的市场优势和资源优势紧密结合，才能更好地推动京津冀地区现代农业发展，更好地落实京津冀协同发展战略。

京津冀地区农业科技园区协同发展是区域现代农业发展的重要内容，

但目前依然面临体制机制问题。在推进京津冀城市群农业科技园区的协同发展进程中，三地园区之间是否深度融合，决定了京津冀协同发展的质量和深度（苏文松和方创琳，2017）。京津冀地区现代农业协同发展的重点在于，以科技协同创新为突破口推进科技与农业紧密结合，以市场协作为导向推进统一市场建设（张敏等，2015）。京津冀协同发展极大地促进了河北省农业向生态农业、高效农业、智慧农业、观光农业的规模化、科学化方向发展（张茜等，2016）。京津冀地区休闲农业园在发展规模、品牌价值效应、经济带动力方面都已经取得了一定的进步，但存在价值目标不完善、品牌延伸度不高、园区成长性较差等问题（姬悦和李建平，2016）。京津冀地区产业协同发展存在区域发展价值取向单一、市场活力弱、河北承接转移能力差等困境（孙虎和乔标，2015）。在"条块分割"影响下，京津冀园区的规划与建设侧重于为本地区提供服务，忽视了园区跨区域、网络化、协同化运营（刘爱玲和周智敏，2016）。京津冀地区区域农业协同发展应选择合理的生态模式，并建立评价机制，完善制度措施，吸纳科技人才，树立品牌战略（刘笑言和李嫣资，2017）。

但是，当前资源跨区域流动的市场机制不明确，已成为京津冀地区农业科技园区协同发展的重大挑战。同预期发展目标相比，京津冀地区农业科技园区同质化竞争问题突出，在农业新业态开发、科技成果转化、配套支持政策等方面的协同水平不高，引领京津冀地区现代农业发展的动力不足。协同水平不高很大程度上可以归结为三个层次的市场机制不明确：一是京津冀地区农业科技园区吸引本区域优质企业、科研机构的市场机制不明确，优质资源无法在农业科技园区平台上有效互动，导致农业科技园区难以通过集聚区域优质资源形成产业竞争力；二是京津冀地区农业科技园区与农业产业（农产品加工、食品制造等）的产业融合机制不明确，无法发挥市场机制对区域农业产业集群的决定性作用；三是京津冀地区农业科技园区对区域非农产业（如电商零售、物流仓储、乡村旅游）带动机制不明确，不同产业的产品市场和要素市场链接不紧密。

因此，开展京津冀地区农业科技园区内部要素集聚水平研究，从创新能力视角探讨内部要素集聚效应，提出促进京津冀地区农业科技园区集聚发展、区域互动的配套政策，及时应对重大挑战，对于实施京津冀协同发展战略意义重大。鉴于上述情况，本章将分别设置与之对应的研究任务开展研究。京津冀地区国家农业科技园区的科技创新发展总体状况如何，取得了哪些具体成效，面临哪些问题？各园区创新能力有何差异，创新能力主要由哪些因素驱动？在创新驱动发展战略背景下，京津冀地区国家农业科技园区面临哪些有利条件和挑战，应该通过怎样的路径来提升园区的创新能力等？这些问题的研究对京津冀地区农业科技高地建设和农业科技协同发展具有重要意义，对于其他地区园区集聚发展建设同样具有重要参考价值。

4.2 京津冀地区国家农业科技园区创新发展现状和成效

京津冀地区 2014 年以前共批复了 9 家国家农业科技园区（以下简称"园区"），具体包括 2001 年获批的北京昌平国家农业科技园区、天津津南国家农业科技园区和河北三河国家农业科技园区（第一批），2010 年批复的北京顺义国家农业科技园区、天津滨海国家农业科技园区（第三批），2012 年批复的河北唐山国家农业科技园区（第四批），2013 年批复的北京通州国家农业科技园区、北京延庆国家农业科技园区、河北邯郸国家农业科技园区（第五批）。北京延庆和通州这两家园区由于各种原因没有得到相应数据，因此本章以其他 7 家为例进行分析。

4.2.1 创新投入不断加大，建设了一大批农业科技创新创业平台

园区通过整合政府、企业和社会等资源，不断加大资金投入，通过建设研发中心、重点实验室、农产品电商平台等创新载体，集聚资金、技术和人才，提升园区创新能力。如表 4-1 所示，2014 年，京津冀地区七大

园区共投资 22.01 亿元，其中，科研经费投入 5.5 亿元，财政、企业、社会融资分别占比 2.82%、54.75%、37.44%；投资总额排名前三的园区分别是唐山、邯郸和滨海，分别为 6.36 亿元、6.2 亿元和 4.82 亿元；共有研发中心 49 个，其中邯郸园区为 24 个，占了将近一半，省部级研发中心占比 36.7%，比 2013 年提高了 7.9 个百分点；研发人员 1229 人，比 2013 年略有提高，占园区总从业人员数的 7.6%；各园区研发人员比例差异较大，从高到低分别是北京、天津和河北，其中顺义园区研发人员比例最高，为 43.9%，最低的三河园区仅为 0.54%；科技特派员在创业创新方面发挥重要作用，显著提升了农业科技能力和水平。园区共有科技特派员 287 人，"科特派"科技开发项目 41 个，项目总投资额 5561 万元，实现年利润 834 万元，创办企业 55 个，相比 2013 年都有一定程度增加。京津冀地区园区人力、财力和物力等方面投入的增加，为创新能力提升提供了必要基础和支撑。

表 4-1　2014 年京津冀地区七大国家农业科技园区的创新能力数据

项目	昌平园区	顺义园区	津南园区	滨海园区	三河园区	唐山园区	邯郸园区	合计
投资总额（亿元）	0.82	1.15	0.02	4.82	2.64	6.36	6.2	22.01
R&D 投入总额（万元）	1722	5000	20	3639	2200	670	41760	55012
拥有研发中心（个）	5	3	0	8	5	4	24	49
省部级研发中心数（个）	2	0	0	8	3	0	5	18
研发人员数（人）	265	101	10	134	35	110	574	1229
科技特派员数量（人）	17	16	0	23	30	32	169	287
取得的知识产权数（件）	9	0	0	52	2	1	45	109
取得的授权发明专利数（件）	4	0	0	4	1	1	22	32
引进的动植物新品种以及新技术、新产品和新设施数（个）	10	2	0	10	26	39	39	126
推广的动植物新品种以及新技术、新产品和新设施数（个）	9	7	0	6	11	28	45	106
技术培训总人数（人）	3375	23	20	680	3000	8576	3718	19392
接待参观考察总人数（人）	44285	87	0	2397	600	3275	4851	55495

续表

项目	昌平园区	顺义园区	津南园区	滨海园区	三河园区	唐山园区	邯郸园区	合计
主营业务收入（亿元）	3.51	6.72	0.020	8.11	78.18	29.5	26.29	152.34
带动当地农户（人）	6902	350	200	2821	2890	31000	90965	135128
园区农户年人均纯收入（元）	37022	38400	32000	31000	14835	13756	14510	25932
所在地农户年人均纯收入（元）	33656	27000	26000	21050	13746	12837	10982	20753

资料来源：中华人民共和国科学技术部. 国家重点园区创新监测报告 2016 [M]. 北京：科学技术文献出版社，2016：36-79.

4.2.2 创新产出日益增多，有效推动了农业科技成果的转化、示范和应用

园区通过开展农作物种质资源，新品种、新技术、新设备等现代技术研发，引进、组装、集成和成果转化，实现技术创新；通过核心区、示范区、辐射区之间的技术传播和扩散，增强农业技术推广应用能力；通过不同形式和内容的农业技术培训，提高农民和广大基层农业技术人员科技素质。首先，科技研发成果增多。如表4-1所示，2014年，取得的知识产权数和授权发明专利数分别为109件和32件，每百名研发人员取得的知识产权数为8.9件，比上一年的7.2件提高了23.6个百分点。其中，滨海园区和邯郸园区创新成果突出，滨海园区取得的知识产权数和授权发明专利数分别为52件和4件，邯郸园区则分别为45件和22件。其次，科技开发、推广能力逐渐加强。引进和推广的植物、粮食、畜禽水产新品种数以及新技术、新产品和新设施数分别为126个和106个，科技开发能力和科技推广能力均是邯郸和唐山园区最强，引进的动植物新品种数和新技术、新产品和新设施数总数都为39个，推广的动植物新品种数和新技术、新产品和新设施数总数分别为45个和28个。最后，注重技术培训和科普推广。共举办技术培训332班次，技术培训总人数19392人，接待参观考察2154次，接待参观考察总人数55495人。创新研发、开发和推广能力的提高，为创新能力提升提供了科技原动力。

4.2.3 创新效益明显，有力带动了农民就业、增收和农业产业升级

园区运用"公司+农户""龙头企业+基地+农户"等模式，带动和引导周边地区农民应用农业新技术成果，有效提高了农业生产中的技术水平和劳动生产率，带动了农民收入增加和农业结构调整。如表4-1所示，2014年，京津冀七大园区共实现主营业务收入152.34亿元，出口创税2.9亿元，平均每个园区实现年净利润超过1亿元，缴税总额高达19.5亿元；园区共有就业人员16161人，带动当地农户数为135128人，就业带动能力最强的是邯郸和唐山园区，带动当地农户数分别为9.1万人和3.1万人；园区就业人员人均年收入37823元，就业人员人均年收入最高的是顺义和津南园区，分别为7万元和5万元；园区农户年人均纯收入25932元，比所在地农户高出5179元，园区农户年人均纯收入最高的是昌平和顺义，分别为3.7万元和3.8万元；园区产业结构不断优化，一二三产业总产值达289.98亿元，其中，第二、第三产业产值总和占总产值的63.34%；土地产出率和劳动生产率提升，在现代服务业引领和推动现代农业方面起了重要作用。通过园区建设和产业带动，大大促进了周边地区新品种、新技术的普及和设施农业的发展，加快了农业结构调整和产业升级的步伐。

综上分析，京津冀地区国家农业科技园区创新投入不断加大，创新途径日益丰富；创新能力不断增强，集成示范与辐射带动效益持续提升；在加快农业科技成果转移转化、促进农业产业结构调整、带动农民增收致富等方面发挥了重要作用。

4.3 京津冀地区国家农业科技园区创新能力评价

4.3.1 国家农业科技园区创新能力评价指标体系

在综合学界研究成果、园区实际状况的基础上，根据《国家重点园区

创新监测报告 2016》中国家农业科技园区中可获得数据情况,从创新水平、创新支撑与创新绩效三方面形成针对国家农业科技园区创新能力的 3 个一级指标、11 个二级指标、31 个三级指标的评价指标体系(见表 4-2)。其中,创新支撑设置了 5 个二级指标衡量园区在人、财、物、组织等方面的创新投入与环境;创新水平设置了 3 个二级指标重点考察园区知识创造、知识流动和技术水平;创新绩效设置了 3 个二级指标评价企业和园区产出效率、经济和社会效应。

表 4-2　　　　国家农业科技园区创新能力评价指标体系

一级指标	二级指标	三级指标
I_1 创新支撑	I_{11} 人力	个人科技特派员数量
		法人科技特派员数量
		R&D 人员数
	I_{12} 财力	企业 R&D 总投入占主营业务收入比
		单位土地面积投融资强度
	I_{13} 物力	大型仪器设备原值总额
		省部级以上研发中心数量占园区研发中心总数比例
	I_{14} 信息化	电商平台个数
		信息化投入
	I_{15} 政府支持	财政投资占总投资的比重
I_2 创新水平	I_{21} 研发能力	授权发明专利数
		通过省级以上审定的植物新品种数
		通过省级以上审定的畜禽水产新品种数
		取得的地理标识产品数
	I_{22} 开发能力	引进的植物新品种数
		引进的粮食品种数
		引进的畜禽水产新品种数
		引进的新技术、新产品、新设施数
	I_{23} 推广能力	推广的植物新品种数
		推广的粮食品种数
		推广的畜禽水产新品种数
		推广的新技术、新产品、新设施数

续表

一级指标	二级指标	三级指标
I_3 创新绩效	I_{31} 经济效应	年度净利润
		技术性收入与生产资料类产品销售收入占企业总产值的比例
		孵化毕业企业数
		第二、第三产业产值占总产值比例
	I_{32} 产出效率	土地产出率
		劳动生产率
	I_{33} 社会效应	园区年度参观人次
		园区年度培训人次
		创新品牌数

4.3.2 国家农业科技园区创新能力评价模型

评价指标体系中权重的确定方法可分为主观赋权法和客观赋权法。主观赋权法根据属性本身含义确定权重，客观性较差。客观赋权法不考虑属性实际含义确定权重，不能体现决策者对不同属性的重视程度，有时会出现确定的权重与属性的实际重要程度相悖的情况。针对主、客观赋权法各自的优缺点，本章采用主客观组合赋权法对决策指标进行赋权，结果将更真实、可靠。具体步骤如下。

首先，得出专家调查法的主观权重。通过向京津冀地区 7 家园区的 21 名园区管委会工作人员、14 名园区宏观管理人员以及京津冀地区的 14 名农业园区创新领域的研究人员发放调研问卷，得出三级指标的主观分权重，如表 4-3 第 7 列所示。

其次，得出基于均方差法的客观权重。先对原始数据矩阵 X_{ij} 运用 min-max 的方法将数据转化为无量纲化数据矩阵 Z_{ij}，接着求随机变量的均值 $\bar{Z}_j$ 以及均方差 σ_j，则 j 指标的权重 $W_j = \dfrac{\sigma_j}{\sum_{j=1}^{n} \sigma_j}$，得出三级指标的客观分权重，如表 4-3 第 6 列所示。

最后，得出主客观组合赋权法的权重。本章的指标个数较多，权重分配也比较均匀，采用乘法集成法，其公式为：$w_i = \dfrac{a_i b_i}{\sum\limits_{i=1}^{m} a_i b_i}$，其中 w_i 表示第 i 个指标的组合权重，a_i、b_i 分别为第 i 个属性的客观权重和主观权重，最后三级指标的组合权重如表 4-3 第 8 列所示。

表 4-3　　　　　　国家级农业科技园区创新能力评价模型

一级指标	权重	二级指标	总权重	三级指标	分权重 客观权重	分权重 主观权重	分权重 组合权重
创新支撑	0.374	人力	0.068	科技特派员数量（人）	0.032	0.020	0.020
				法人科技特派员数量（人）	0.033	0.020	0.020
				研发人员数（人）	0.032	0.028	0.028
		财力	0.126	企业 R&D 占主营业务收入比例（%）	0.033	0.054	0.055
				单位土地面积投融资强度（万元/公顷）	0.037	0.062	0.071
		物力	0.104	大型仪器设备原值总额（万元）	0.038	0.034	0.040
				省部级研发中心占比（%）	0.036	0.058	0.064
		信息化	0.035	电商平台数（个）	0.029	0.018	0.016
				园区管委会信息化投入（万元）	0.035	0.018	0.019
		政府支持	0.041	政府投资占总投资比重（%）	0.034	0.039	0.041
创新水平	0.327	研发能力	0.144	授权发明专利数（%）	0.034	0.095	0.099
				取得的地理标识产品数（个）	0.046	0.032	0.045
				通过审定的植物新品种数（个）	0.000	0.032	0.000
				通过审定的畜禽水产新品种数（个）	0.000	0.032	0.000
		开发能力	0.095	引进的植物新品种数（个）	0.032	0.020	0.020
				引进的粮食品种数（个）	0.037	0.020	0.023
				引进的畜禽水产新品种数（个）	0.050	0.020	0.031
				引进的新技术、新产品、新设施（个）	0.035	0.020	0.022
		推广能力	0.088	推广植物新品种数（个）	0.032	0.020	0.020
				推广粮食新品种数（个）	0.039	0.020	0.024
				推广畜禽水产新品种数（个）	0.038	0.020	0.023
				推广新技术、新产品、新设施数（个）	0.034	0.020	0.021

续表

一级指标	权重	二级指标	总权重	三级指标	分权重 客观权重	分权重 主观权重	分权重 组合权重
创新绩效	0.299	经济效应	0.127	年净利润（万元）	0.040	0.052	0.065
				技术性收入与生产资料类销售收入占总产值的比重（%）	0.042	0.048	0.062
				毕业企业数（个）	0.000	0.033	0.000
				第二、第三产业产值占总产值比重（%）	0.038	0.023	0.027
		产出效率	0.076	土地产出率（%）	0.032	0.038	0.037
				劳动力产出率（%）	0.035	0.036	0.039
		社会效应	0.069	技术培训总人数（人）	0.033	0.017	0.017
				接待参观考察总人数（人）	0.034	0.017	0.018
				园区品牌总数（个）	0.031	0.035	0.033

注：权重只保留小数点后三位。

从表4-3中可以看出，一级指标中创新支撑、创新水平和创新绩效的权重分别为0.374、0.327和0.299，这说明创新支撑在创新能力的提高中发挥着最为重要的作用，京津冀地区国家农业科技园区创新能力仍然处于创新投入、创新产出驱动的阶段；二级指标中，财力、研发能力和经济效应的权重分别为0.126、0.144和0.127，是反映园区创新能力的重要指标；三级指标中，权重排名前五的分别是授权发明专利数、单位土地面积投融资强度、年净利润、省部级研发中心比例和技术性收入与生产资料类销售收入占总产值的比重。

4.3.3 京津冀地区国家农业科技园区创新能力分析

根据评估模型，京津冀地区国家农业科技园区的创新能力综合评估结果如表4-4所示。从表中我们可以发现如下特点。

（1）从总体上看，京津冀地区国家农业科技园区的创新能力仍处于较低水平，各园区创新能力差距较大。园区平均创新能力指数仅为0.316，处于较低水平。各园区创新能力变异系数高达56.5%，其中，邯郸园区创新能力指数最高，为0.624；其次是唐山园区，为0.442；再次是滨海、三河、昌平、顺义和津南，这五家的创新能力指数均在0.2~0.4之间，创新能力指数最高的邯郸园区是最低园区津南的8倍。

（2）从创新能力指数结构上看，园区创新能力处于创新支撑驱动的起步阶段，集成示范和辐射带动功能尚未显现。园区平均创新支撑指数为0.116，对创新能力指数贡献率最大，为36.7%，创新水平和创新绩效对创新能力指数的贡献率分别为29.8%和33.4%，这说明京津冀地区园区建设还处于起步阶段。各园区创新能力指数结构差异较大，其中，昌平、津南、滨海园区的创新能力主要由创新支撑驱动，对创新能力指数的平均贡献率高达67.02%，尤其是津南园区，完全由创新支撑驱动，贡献率为100%，园区的创新水平和创新绩效完全没有显现；顺义和三河园区创新绩效对创新能力的提升发挥更为重要的作用，贡献率分别为57.26%和58.29%；唐山和邯郸园区创新能力则主要由创新水平驱动，贡献率分别为43.01%和47.4%。

表4-4　　　京津冀地区7个国家农业科技园区创新能力评价结果

园区简称	创新支撑	创新水平	创新绩效	创新能力
昌平	0.132	0.047	0.064	0.243
顺义	0.081	0.010	0.122	0.213
津南	0.078	0.000	0.000	0.078
滨海	0.171	0.073	0.121	0.365
三河	0.059	0.043	0.143	0.245
唐山	0.103	0.190	0.149	0.442
邯郸	0.187	0.296	0.141	0.624
平均值	0.116	0.094	0.106	0.316
对创新能力的贡献率	0.367	0.298	0.334	—

注：保留小数点后三位。

4.4 提升京津冀地区农业科技园区创新能力的对策建议

4.4.1 研究结论及存在问题

京津冀地区国家农业科技园区在取得显著成绩的同时，也存在诸多需要进一步解决的问题。

首先，孵化培育能力较差，"造血"功能急需增强。园区企业孵化和品牌培育功能不强。2013年京津冀地区园区在孵企业总数、毕业企业总数和新增在孵企业总数分别为17家、6家和10家，2014年园区企业孵化能力还在大幅下降，远远低于全国园区平均水平[①]，2014年全国106家园区平均在孵企业数、毕业企业数和新增孵化企业数分别为10.9个、4.67个和3.24个。园区入驻企业总数为153个，园区品牌总数49个，平均每个园区入驻的企业数和品牌数分别为21.9个和7个，远远低于全国70.23个和17.6个的平均水平。七大园区中，除了邯郸园区品牌数为23个超过全国平均水平外，其他各个园区在企业孵化和品牌培育方面都大幅落后于全国平均水平。京津冀地区应该更加重视企业培育与成长机制，提高将创新成果通过品牌运作转化为市场价值的能力。

其次，产业带动、就业带动、收入带动能力还未充分凸显，有待进一步提升。园区企业技术型收入和生产资料销售收入占企业总产值的比重和第二、第三产业产值占总产值的比例越大，则园区产业带动能力越强，对产业链的增长加厚作用越明显。2014年，京津冀七大园区的技术性收入与生产资料销售收入总计96084万元，仅占年度生产总值的14.56%，远远低于全国平均水平，这说明京津冀园区以终端消费性农产品生产为主，产

[①] 为贯彻落实《关于做好建立国家创新调查制度相关工作的通知》精神，科技部通过国家农业科技园区信息平台对前五批共118家国家农业科技园区开展创新能力监测。文中2014年各项指标的全国园区平均水平是指剔除由于各种原因没有得到相关数据的12家园区后，106家国家农业科技园区的平均水平。

业带动能力有待提升；园区第二、第三产业产值总和占总产值的63.34%，低于全国74.81%的平均水平，园区的产业结构还有待进一步优化。同时，园区科技创新对经济社会发展的支撑引领作用有限。京津冀地区平均每个园区带动农户就业人数1.93万人，低于全国5.15万人的平均水平；园区农户人均纯收入2.59万元，略高于全国平均水平，但仅是最高的石嘴山园区的一半。应该通过多种形式带动园区产生收入效应并作用于当地农民。

另外，京津冀地区国家农业科技园区还存在着发展极不平衡、建设水平参差不齐等问题。应该利用京津冀地区地域上的邻近性、经济上的依存性、资源上的互补性、三方关系的交叉性和多重性等加强农业科技园区的协同创新，促进科技创新一体化发展。

4.4.2 创新能力提升策略

创新驱动发展战略和乡村振兴战略背景下，国家农业科技园区既存在诸多有利条件和机遇，也面临不少困难和挑战。一方面，新一轮农业科技革命蓄势待发，信息技术、生物技术、制造技术、新能源技术等广泛渗透到农业领域并取得重大突破，"大众创业，万众创新"的环境加速人才、知识、技术和资本等创新资源的流动，为园区发展提供了新动能；另一方面，实现乡村全面振兴，"农业强、农村美、农民富"对园区发展提出了新要求。国家农业科技园区作为农业科技创新、技术应用和产业发展的示范样本，面对新形势、新要求，更应把提高农产品质量和效率作为主攻方向，培育农业高新技术企业，提升农业产业整体竞争力。

1. 鼓励建设园区农业科技企业孵化器

当前京津冀地区国家农业科技园区的企业孵化建设和品牌培育都还比较滞后，应结合现代农业科技园区建设，利用园区现有基础设施和政策，发展农业科技孵化器，为孵化企业提供一个更为广阔的发展空间。加大扶持力度，通过后补助和无偿资助等方式，重点支持新建农业科技企业孵化器服务能力建设。农业科技孵化器向园区企业提供全方位的深度服务，可参与所孵企业的经营管理，通过设立"创业基金""种子基金"等渠道为科技创业源源不断地注入资金。从而来进一步减少创业成本、降低创业风险，促进农业高新技术产业化进程。

2. 提升园区带动能力

园区通过科技带动、产业带动、市场需求带动产生收入效应，最终促进农民生活富裕和农业生产力的发展。可以在今后的建设发展中视不同的发展阶段和具体情况建立不同的示范带动机制。结合园区实际，运用"公司+园区+农户""公司+园区+基地+农户""公司+园区+合作社+农户""公司+园区+合作社+基地+农户""政府+公司+园区+合作社+基地+农户""科研机构+园区+农户"等不同模式，提升产业带动和收入带动能力。同时，更加重视通过合作社维护农民权益，增加农民收入，促进园区各组成主体建立起共赢的带动机制。

3. 推动园区农业科技协同创新

农业科技协同创新是京津冀协同发展重大战略的一个重要组成部分。京津冀地区各园区的创新能力不平衡和异质性，为推动形成优势互补、互利共赢的创新发展格局奠定了良好基础。应引导京津冀地区园区建立区域主导产业联盟，开展技术、成果、市场、信息共享，通过整合创新资源、完善合作机制、创新体制、增加财政投入力度和搭建信息网络平台等措施推动京津冀地区园区共同发展。

第5章

外部集聚效应：乡村振兴视角下的农业科技园区绩效评价
——以106家国家农业科技园区为例

随着中国步入经济发展新阶段，农业科技园区发展宏观环境和微观基础正在发生划时代巨变，园区创新活动已不再局限于科技创新等传统层面，园区对乡村的影响力也开始辐射到就业、社会治理和公共服务等更广泛领域，相应地其功能定位也从最初的农业科技创新平台向集农业新产业新业态摇篮、农村城镇化试验样本、农业绿色发展先行者、体制机制创新载体、教育培训基地、就业创业阵地、脱贫攻坚战场等功能为一体的综合体转变。园区的集聚效应也相应从单纯的内部的创新能力更多地向外部扩展。因而，仅从园区内部科技创新能力的维度考察园区集聚效应是不全面的。因此，园区集聚效应的研究，在考察内部集聚效应的基础上，还需要结合园区对农业升级、农村进步、农民发展方面的带动作用，在更广阔的视野下继续深入推进。

随着乡村振兴上升为国家战略，农业园区发展面临前所未有的政策机遇和广阔的发展空间，为乡村振兴创建了平台、提振了信心、注入了活力，是实施乡村振兴战略的先行者和集大成者。为实现乡村振兴战略"农业强、农村美、农民富"的宏伟目标，农业科技园区有望在产业基础、县域经济、创业就业、乡村治理等方面发挥更为关键的作用。那么，农业科技园区推进乡村振兴战略的内在逻辑是怎样的？当前农业科技园区带动乡村振兴的效果如何？接下来应该采取哪些举措更好地发挥园区助力乡村振兴的作用？对上述问题的回答对于实现农业科技园区与乡村振兴良性互动具有重要意义。本章将在明晰农业科技园区推动乡村振兴的内在机理及推进路径基础上，创新性地构建农业科技园区绩效评价指标体系，并以2017年度科技部公布的《国家重点园区创新监测报告2016》中的数据为例，对106家国家农业科技园区在促进乡村振兴方面的绩效进行评价，提出促进农业科技园区与乡村振兴互促互进良性发展的政策建议，为增强未来农业科技园区发展与新时代国家战略契合度提供必要参考。

5.1 农业科技园区带动乡村振兴的内在逻辑

作为农业现代化和乡村振兴战略实施的重要平台，农业科技园区通过加速农业科技成果转化、促进农业高新技术的推广应用、加快生产经营规模化以及促进一二三产业融合等提升农业产业竞争力，推动农业全面升级；通过促进产城、产镇、产村融合，统筹城乡发展、发展绿色农业保护农村生态环境，创新体制机制提升农村治理水平等推动农村全面进步；通过加强农民教育培训、营造创业就业良好氛围、开展精准扶贫等大幅增加农民收入，推动农民全面发展。农业科技园区带动乡村振兴目标全面实现的内在逻辑如图5-1所示。

5.1.1 农业科技园区推动农业全面升级的机理分析

实现我国农业发展"方式转变、结构优化、动力转换"，必须依靠农业科技的引领和支撑。农业科技园区是农业科技自主创新和转化的重要平台，注重产、学、研合作交流平台和技术研发平台建设。农业科技园区通

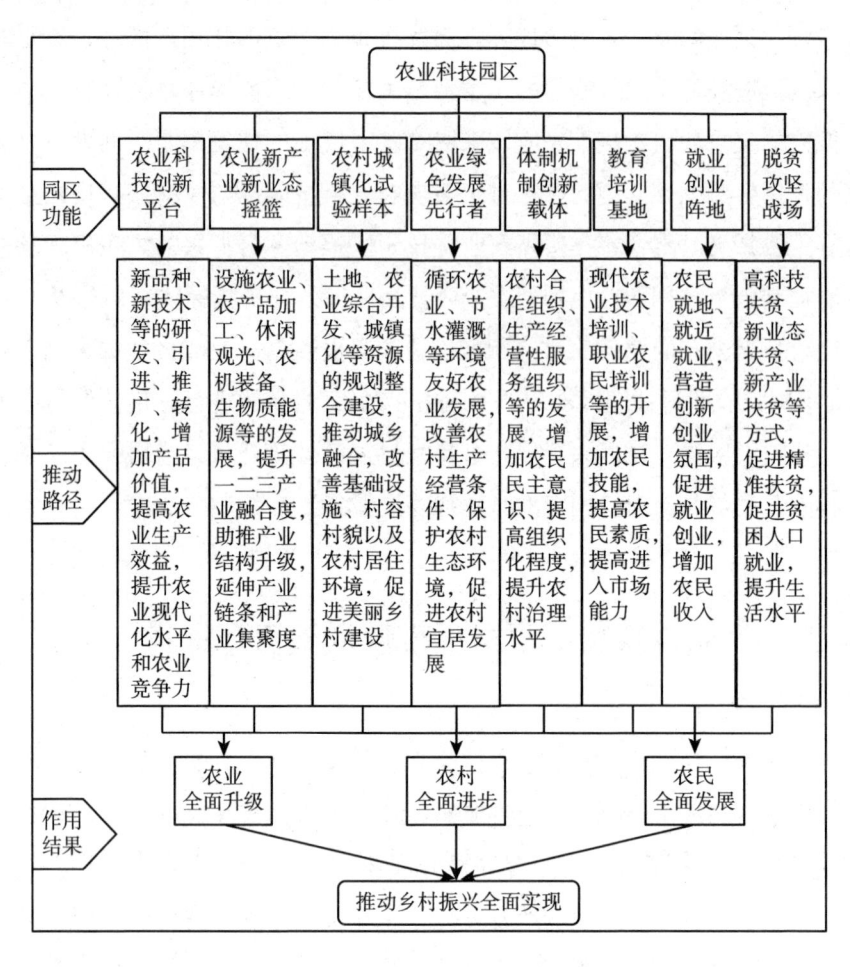

图 5-1 农业科技园区推动乡村振兴的内在逻辑

过吸引农业科技专家大院、农业科研院所和农业科技企业的入驻，建立科研基地、研发中心，通过如下路径来推动农业升级。一是农业科技园区是实施科技创新的主阵地，围绕保障粮食安全、改善农产品供给结构进行科技创新。创新生物育种技术，开展绿色增产增效技术攻关，加强产业关键技术研发和推动设施装备升级等研制科技含量高、市场需求高、附加值高、品质高的产品，从而增加产品价值，提高农业生产效益，提升农业现代化水平和农业竞争力。二是农业科技园区是拓展农业多种功能，推进一二三产业深度融合的重要摇篮。园区通过设施农业、农产品加工、休闲观光、农机装备、生物质能源等产业的发展，拓展农业产品的加工和流通，使农业产业链条不断延伸，推动农业产业升级和结构调整。同时，利用自身的科学性、趣味性和可参与性提供生态休闲观光的服务，将农业与旅游业相结合，集旅游观光、品尝采摘、科技展览和农业教育于一体，建立起现代农业科技产业体系。

5.1.2 农业科技园区推动农村全面进步的机理分析

农业科技园区通过统筹乡镇村的建设规划、实施农业绿色发展、开展体制机制创新等路径促进农村基础设施提档升级和美丽乡村建设，持续保护农村生态环境和改善农村人居环境，强化农村制度性供给提升乡村治理水平，推动农村全面进步。首先，农业科技园区是农村城镇化的试验样本。通过整合基础设施、土地整治、农业综合开发、新型城镇化等各类资源，将园区建设和农村信息化、城镇化相结合，极大地改善了园区及周边农村的基础设施建设和村容村貌。其次，农业科技园区是农业绿色发展的先行者。依托园区绿水青山、田园风光、乡土文化等资源，强化资源节约、环境友好的农业发展模式，推进农业资源高效利用，提高农业全要素生产率，发展循环生态农业，打造水体洁净、空气清新、土壤安全的绿色园区，促进农村人居环境的改善和农村生态环境的保护。最后，农业科技园区是农业体制机制创新的重要载体。园区建设和经营采用多元化投入和企业化运行的方式，依托园区的产业化经营组织、专业化合作组织等中介组织，增加农民民主意识和组织化程度，通过发展新型农村科技服务体系，建立更紧密的利益联结机制，提升农村治理水平，保持农村社会稳定。

5.1.3 农业科技园区推动农民全面发展的机理分析

农业科技园区通过发挥教育培训、就业创业、精准扶贫等方面的功能，促进农民素质提升、就业机会增加和贫困下降，实现农民全面发展。第一，农业科技园区是重要的农业科技教育培训基地。园区以产业带动和市场需求带动的形式，开展现代农业技术培训、职业农民培训，使农民学习并掌握相关的专业知识、操作技能和农业设施管理方法，提高他们进入市场的能力和在劳动力市场中的竞争力。第二，农业科技园区是农民就业和创业的重要阵地。园区吸引支持企业、市民、返乡能人等进行创业，采用"公司+基地+农户"和"公司+农户"等形式，吸纳大量农村剩余劳动力就业。尤其是劳动密集型的农产品加工企业，是农民就近、就地就业的重要平台。第三，农业科技园区是服务于脱贫攻坚的主战场。通过充分发挥园区产业集聚、平台载体、政策环境以及基础设施等方面的优势，帮助贫困户搭建脱贫平台，鼓励引导贫困农户组建扶贫专业合作社，创造更多的经济效益助农脱贫。组织科技特派员在贫困村通过技术培训、技术指导等形式开展精准脱贫服务，解决贫困户遇到的农业技术难题。并结合开展金融扶贫、劳动力转移扶贫等，增强贫困地区可持续发展的内生动力，减少贫困。

5.2 农业科技园区发展的多维外部效应

农业科技园区在建设过程中注重发挥多功能性，不仅关注科技集成、应用等内涵功能和教育培训、农业科普等外延功能，同时也兼顾观光休闲等辅助功能（芮正云，2014），使得园区在农业产业基础、县域经济、创业就业、乡村建设、农民收入和素质提升等领域对乡村振兴产生了显著作用。本章以前五批验收通过的106家国家农业科技园区为例，从产业带动、收入带动和示范带动这三个维度对园区推进乡村振兴的效应进行分析。

截至2014年底，106家国家农业科技园区吸引了大量的技术、人才和资金在园区集中。高校、科研机构等在园区设立教研和产业基地、重点实验室等技术创新服务平台，共拥有研发中心数1807个，其中40%以上是省部级研发中心，入驻的高新技术企业 172 个。引进高层次人才入园创业，推进技术创新和孵化，共有研发人员 54640 人，科技特派员 8358 人，聘请专家总人数 6622 人，投资机构 130 个，2014 年共投资 1119.17 亿元，其中，R&D 投资 91.45 亿元。通过这些措施使得园区农业科技产业集聚度不断提高，有利于推动当地经济繁荣以及传统农业升级。

5.2.1 产业带动效应

国家农业科技园区有力地带动了农业结构调整、产业升级、农业竞争力和现代化水平的提升。农业科技园区运用新技术、新产品、新设施和新品种等来改造传统农业，使现代农业向前迈进。如表 5-1 所示，2014 年国家级农业科技园区共引进 2291 个新技术、新产品和新设施，引进 3320 个新品种，在园区形成和构建了一个全新的现代农业科技产业集群。园区产业带动能力进一步凸显，技术性收入与生产资料销售收入占总产值比重平均为 30%，这一比例越高，园区产业带动能力越强，对产业链的增长加厚作用越明显。园区通过设立产业孵化器，帮助创业者开创和发展企业。2014 年，在孵企业总数高达 1144 个，平均每个园区有 10.79 个，园区的年平均毕业企业数为 4.63 个，同时年均新增在孵企业 3.48 个。在孵企业数和新增在孵企业数最高的都是重庆忠县园区，分别为 219 个和 50 个，当年毕业企业数最多的是湖北武汉园区，为 150 个。园区农产品品牌化形成规模生产，使各类生产要素向品牌产品优化配置，推进农业产业结构调整、优化升级以及加速农业产业集中。截至 2014 年底，园区共有 1866 个品牌，当年新增品牌 286 个，2014 年品牌数量和新增品牌数量最多的分别是福建泉州园区和江苏淮安园区。园区一二三产业融合发展，可以增加农业生产和流通等相关产业环节的关联度，解决农产品供给质量效益和竞争力难题，更好发挥农业多功能性，提高农业功效。园区一二三产业融合发展态势良好，融合度高，2014 年第二、第三产业产值占总产值的比例高达 57%。

表 5-1　2014 年 106 家国家农业科技园区的产业带动情况

指标名称（单位）	样本数	总和	平均值	标准差	最小值	最大值
在孵企业数（个）	106	1144	10.79	28.10	0	219
毕业企业数（个）	106	491	4.63	15.46	0	150
新增在孵企业数（个）	106	367	3.48	7.71	0	50
园区品牌总数（个）	106	1866	17.60	22.51	0	138
新增品牌数（个）	106	286	2.669811	5.341164	0	37
引进新技术、新产品、新设施数（个）	106	2291	21.61	80.82	0	781
引进的新品种数（个）	106	3320	31.32	60.14	0	456
技术性收入（万元）	106	3673811	34658.59	155403.40	0	1228481
生产资料类销售收入（万元）	106	4226514	39872.77	126016.90	0	898523
第一产业产值（万元）	106	9869737	93110.73	154624.80	0	1296600
第二产业产值（万元）	106	34122594	321911.30	832245.20	0	4961566
第三产业产值（万元）	106	5945320	56087.92	108985.50	0	536924
技术性收入与生产资料类销售收入占企业总产值的比重	106	—	0.30	1.35	0	14
第二、第三产业产值占总产值比例	106	—	0.57	0.32	0	1

资料来源：中华人民共和国科学技术部．国家重点园区创新监测报告 2016 [M]．北京：科学技术文献出版社，2016：36-79．

5.2.2　收入带动效应

国家农业科技园区对于拉动县域经济，促进农业劳动力转移和农民增收都起到了显著的作用。农业科技园区有力地促进了区域经济增长。如表 5-2 所示，2014 年，106 家国家农业科技园区共实现主营业务收入近 40000 亿元，平均每个园区的主营业务收入为 37.74 亿元，出口创税额和缴税额分别为 25.8 亿元和 160.68 亿元，平均每个园区的净利润额为 33.6 亿元，为当地经济发展做出了巨大贡献。其中，主营业务收入和缴税额最高的都是内蒙古和林格尔园区，出口创税额和利润额最高的分别是山东滨州园区和山东烟台园区。园区的多元功能形成合力，为农村剩余劳动力提供更多的就业岗位，在很大程度上带动了周边农户的非农就业，促进了农民增收和生活富裕。2014 年，园区共解决 158.9 万人就业，带动 545.6 万名当地农户，平均每个园区的就业人数为1.5万人。其中，辽宁铁岭园区实现最大规模的就业人口，为21.75万人；湖南衡阳园区带动当地农户的效果最强，为85.9万人。园区农户人均纯收入要高于所在地农户。2014年，园区农户人均纯收入为1.86万元，比当地农户高出近2000元，是同期当地农户的1.12倍。园区农户年人均纯收入排名前五的分别是浙江慈溪园区、福建泉州园区、上海浦东园区、湖南湘潭园区和宁夏石嘴山园区，分别为40000元、48350元、50000元、50647元和52860元。在园区带动增收效果方面，用园区农户和所在地农户年均纯收入的差距额来考量，排名前五的分别是宁夏银川园区、江西井冈山园区、安徽宿州园区、湖南湘潭园区和吉林公主岭园区，人均纯收入差距额分别为20964元、19980元、19700元、18220元和16127元。用园区农户和所在地农户的年均纯收入的比值来考量增收效果，则排名前五的园区分别是安徽宿州园区、宁夏银川园区、江西井冈山园区、吉林公主岭园区和陕西榆林园区，园区农户人均纯收入分别是所在地农户的3.49倍、3.32倍、2.11倍、1.86和1.85倍。

表5-2　　　　　　　　2014年106家国家农业科技园区的收入带动情况

指标名称（单位）	样本数	总和	平均值	标准差	最小值	最大值
主营业务收入（万元）	106	39999677	377355.40	811669.90	0	5028513
出口创税额（万元）	106	2581682	24355.49	139349.90	0	1415000
年利税额（万元）	106	5009753	47261.82	100967.30	-1392	579400
年净利润（万元）	106	7290238	68775.83	336052.80	-4801	3404222
年缴税额（万元）	106	1606754	15158.06	36614.30	0	270582
本年度就业人员人均年收入（元）	106	3341115.72	31519.96	12980.48	2500	88800
园区农户年人均纯收入（元）	106	1971849.25	18602.35	11258.18	0	52860
所在地农户年人均纯收入（元）	106	1765761.45	16658.13	10044.52	0	65000
园区当年从业人数（人）	106	1588953	14990.12	36100.32	0	217476
带动当地农户数（人）	106	5456381	51475.29	114475.90	0	859166
当年投资总额（亿元）	106	1119.17	10.56	19.30	0.01	153.28
投资产出系数	106	296.21698	2.79	15.30	-0.41	142.64

资料来源：中华人民共和国科学技术部.国家重点园区创新监测报告2016［M］.北京：科学技术文献出版社，2016：36-79.

5.2.3 示范带动效应

农业科技园区对现代农业科技的示范推广、培训和科普，以及园区依托现有资源对园区的规划建设，都会对周围农户和周边农村具有溢出带动作用，从而有力地带动了农村社会发展。通过推广新品种、新技术、新产品提高农村土地生产率，调整农业结构，依托新设施推广发展循环农业，有效利用农村资源，保护农村生态环境。如表5-3所示，2014年，106家国家级农业科技园区共推广新品种2194个，推广新技术、新产品、新设施1939个，平均每个园区推广新品种20.70个，推广新技术、新产品和新设施为18.29个。园区加快电商平台构建和信息化建设，带动周边农村改善农村基础设施条件，弥合城乡数字鸿沟，提升农村现代化水平。2014年，园区共投入3.9亿元用于信息化建设，共搭建了736个电商平台。其中，江苏淮安园区的电商平台空前发展，达到137个；而河南濮阳园区的信息化投入最多，为2.1亿元。园区技术培训和科普能力不断增强。2014年，举办2.55万次技术培训，共培训114.39万人，平均每个园区培训1.08万人，湖北武汉园区技术培训规模最大，年培训人数为14.48万人。2014年，共接待参观考察11.27万次，接待参观考察总人数563.74万人，内蒙古和林格尔园区的科普能力最强，共接待参观考察人数为123.05万人。

表5-3　　　　2014年106家国家农业科技园区的示范带动情况

指标名称（单位）	样本数	总和	平均值	标准差	最小值	最大值
推广新品种（个）	106	2194	20.70	37.78	0	265
推广新技术、新产品、新设施（个）	106	1939	18.29	67.28	0	632
电商平台数（个）	106	736	6.94	14.96	0	137
园区管委会信息化投入（万元）	106	39432	372.00	2063.57	0	21000
举办的技术培训次数（班次）	106	25535	240.90	548.83	0	5000
技术培训总人数（人）	106	1143903	10791.54	18825.41	6	144750
接待参观考察次数（次）	106	112696	1063.17	3023.55	0	20951
接待参观考察总人数（人）	106	5637421	53183.22	165813.90	0	1230450

资料来源：中华人民共和国科学技术部. 国家重点园区创新监测报告2016 [M]. 北京：科学技术文献出版社，2016：36-79.

5.3 农业科技园区带动乡村振兴绩效的指标体系构建

5.3.1 绩效评价指标体系

"农业强、农村美、农民富"是全面乡村振兴的目标。因此，本章从农业科技园区推动农业升级、农民进步、农村发展这三个维度来构建园区绩效评价指标体系。在综合学界研究成果、园区实际状况的基础上，结合乡村振兴战略对农业、农村、农民发展目标指向和规划要求，根据《国家重点园区创新监测报告2016》中可获得数据情况，形成针对农业科技园区绩效评价指标体系——包括3个一级指标、11个二级指标、28个三级指标的评价指标体系（见表5-4）。其中，农业升级方面设置了4个二级指标，衡量园区企业孵化能力、品牌培育、科技创新、产业带动方面绩效；农村发展方面设置了3个二级指标，重点考察园区带动农村经济发展和基础设施建设方面的能力以及提升要素生产率方面的作用；农民进步方面设置了4个二级指标，评价园区在带动农民增收、就业方面的效应，以及通过教育培训和科普推广提高农民素质方面的成效。

表5-4　农业科技园区绩效评价指标体系及指标数据统计

一级指标	二级指标	三级指标（单位）	总和	平均值	标准差
农业升级 (I_1)	孵化能力 (I_{11})	在孵企业数（个）	1144	10.79	28.10
		毕业企业数（个）	491	4.63	15.46
		新增在孵企业数（个）	367	3.48	7.71
	品牌培育 (I_{12})	园区品牌总数（个）	1866	17.60	22.51
		新增品牌数（个）	286	2.669811	5.341164

续表

一级指标	二级指标	三级指标（单位）	三级指标数据统计 总和	三级指标数据统计 平均值	三级指标数据统计 标准差
农业升级 (I_1)	科技创新 (I_{13})	引进新技术、新产品、新设施数（个）	2291	21.61	80.82
		引进新品种数（个）	3320	31.32	60.14
		推广新技术、新产品、新设施数（个）	1939	18.29	67.28
		推广新品种数（个）	2194	20.70	37.78
	产业带动 (I_{14})	技术性收入与生产资料销售收入占企业总产值的比重	—	0.30	1.35
		第二、第三产业产值占总产值比重	—	0.57	0.32
农村发展 (I_2)	经济贡献 (I_{21})	主营业务收入（万元）	39999677	377355.40	811669.90
		出口创税额（万元）	2581682	24355.49	139349.90
		年净利润额（万元）	7290238	68775.83	336052.80
		年缴税额（万元）	1606754	15158.06	36614.30
	基础设施建设 (I_{22})	电商平台数（个）	736	6.94	14.96
		园区管委会信息化投入（万元）	39432	372.00	2063.57
	要素生产率 (I_{23})	单位土地上的平均年产值（万元/公顷）	—	134.80	391.71
		单位劳动力的农业产值增加值（万元/人）	—	43.49	184.49
		单位土地面积投融资强度（万元/公顷）	—	47.03	187.39
农民进步 (I_3)	收入带动 (I_{31})	就业人员人均年收入（元）	3341116	31519.96	12980.48
		园区农户与所在地农户年人均纯收入差距（元）	352836	3328.64	6192.55
	就业带动 (I_{32})	园区当年从业人数（人）	1588953	14990.12	36100.32
		带动当地农户数（人）	5456381	51475.29	114475.90
	教育培训 (I_{33})	举办的技术培训次数（班次）	25535	240.90	548.83
		技术培训总人数（人）	1143903	10791.54	18825.41
	科普能力 (I_{34})	接待参观考察次数（次）	112696	1063.17	3023.55
		接待参观考察总人数（人）	5637421	53183.22	165813.90

注：对于部分园区部分指标数据缺失的问题，本章运用上一年的数据进行了补齐。以下数据来源类同。

资料来源：中华人民共和国科学技术部. 国家重点园区创新监测报告 2016 [M]. 北京：科学技术文献出版社，2016：36-79；中国农村技术开发中心. 国家农业科技园区创新能力评价报告（2016—2017）[M]. 北京：科学技术文献出版社，2017：36-79.

5.3.2 评价指标说明

1. 加速农业升级方面的指标

农业科技园区在加速农业转型升级方面的作用是其发展绩效的一个重要方面。农业科技园区作为农业科技创新的平台和农业新产业新业态的摇篮，通过加速农业科技成果转化、促进农业高新技术的推广应用、加快生产经营规模化以及促进一二三产业融合等途径带动农业结构调整、产业升级、农业竞争力和现代化水平提升，推动农业全面升级。为此，本章选取4个二级指标来衡量园区在推动农业转型升级方面的绩效。其中，孵化能力促使园区科研成果转化，不断孵化出现代农业高新技术企业，提升农业现代化水平；园区品牌培育会形成规模生产，使各类生产要素向品牌产品优化配置，推进农业产业结构调整、优化升级以及加速农业产业集中；科技创新指标反映的是园区运用新技术、新产品、新设施和新品种等来改造传统农业，使现代农业向前迈进的成效；产业带动指标用技术性收入与生产资料类产品销售收入占企业总产值比重和园区第二、第三产业产值占总产值的比重这两个指标来测度，这两个指标越高，说明园区产业带动能力越强，对产业链的增长加厚作用越明显，对农业结构调整和产业升级的作用越大。

2. 推动农村发展方面的指标

农业科技园区的发展会辐射带动周边农村经济社会发展。农业科技园区作为拉动地方经济增长的强大引擎、农村城镇化实验样本和绿色发展先行者，对于拉动县域经济，促进区域经济增长做出了巨大贡献，而将园区建设和农村信息化、城镇化相结合，能够改善园区及周边农村的基础设施建设。发展绿色农业，能够极大提高生产要素的使用效率，保护农村环境。鉴于此，本章选取3个二级指标来衡量农业科技园区促进农村发展方面的绩效。其中，经济贡献用园区主营业务收入、出口创税额、年净利润额、年缴税额这四个指标来衡量；基础设施建设情况主要通过园区加快电商平台构建和信息化建设，弥合城乡数字鸿沟，提升农村现代化水平，用电商平台数和管委会信息化投入来考察；要素生产率是农村集约化发展的一个重要衡量指标，分别选取了土地、劳动、资本的要素生产率来衡量。

3. 促进农民进步方面的指标

农业科技园区发挥教育培训、就业创业、精准扶贫等方面的功能，通过开展现代农业技术培训、职业农民培训、科普推广，使农民学习并掌握相关的专业知识、操作技能和农业设施管理方法，提高农民素质。同时，为农村剩余劳动力提供更多的就业岗位，带动周边农户的非农就业，促进农民增收和生活富裕。对农业科技园区促进农民进步方面的绩效评价，从收入带动、就业带动、教育培训和科普能力这四个方面设置指标来进行衡量。

5.3.3 评价指标体系数据及描述性统计分析

1. 数据来源

数据资料主要来源于 2017 年 9 月中华人民共和国科学技术部发布的《国家重点园区创新监测报告 2016》中的第二部分"国家农业科技园区创新能力监测报告"，并根据相关数据计算取得。截至 2017 年底，前五批验收通过了 118 家国家农业科技园区，但由于各种原因，118 家中有 12 家没有得到相应监测数据，因此本章以能获得数据的 106 家为例进行分析（见表 5-5）。从表 5-5 中可看出，国家农业科技园区数量最多的省份是山东，有 7 个；其次是新疆，有 6 个；湖南和吉林各有 5 个。从区域上看，东、中、西部的国家农业科技园区的数量相当，分别为 35 个、34 个和 37 个。

表 5-5　　　　　　　106 家国家农业科技园区的分布情况

东部地区	数量	中部地区	数量	西部地区	数量
北京	2	黑龙江	4	内蒙古	2
天津	2	吉林	4	广西	3
河北	3	山西	3	重庆	2
辽宁	5	安徽	6	四川	3
上海	1	江西	4	贵州	4
江苏	4	河南	4	云南	3
浙江	4	湖北	4	西藏	2
福建	3	湖南	5	陕西	3
山东	7			甘肃	3
广东	2			青海	2
海南	2			宁夏	4
				新疆	6
合计	35		34		37

2. 描述性统计分析

国家农业科技园区在农业转型、农村发展和农民增收等方面的成效显著。一是国家农业科技园区有力地带动了农业结构调整、产业升级、农业竞争力和现代化水平的提升。106 家国家级农业科技园区，共引进推广新科技 9744 个，形成和构建了一个全新的现代农业科技产业集群；产业带动能力进一步凸显，技术性收入与生产资料销售收入占总产值的比重平均为 30%；品牌培育功能和孵化功能进一步加强，共有 1866 个品牌，平均每个园区的在孵企业数、年毕业企业数和新增在孵企业数分别为 10.79 个、4.63 个和 3.48 个；园区一二三产业融合发展态势良好，融合度高，第二、第三产业产值占总产值的比例高达 57%。二是对于拉动县域及农村经济，加强农村基础设施和信息化建设方面起到了显著作用。农业科技园区有力地促进了区域经济增长，平均每个园区的主营业务收入和净利润额分别为 37.74 亿元和 33.6 亿元；在带动乡村建设方面，依托现有资源对园区的规划建设，带动周边农村的基础设施建设，提升农村信息化水平，共投入3.9亿元用于信息化建设，并搭建了736个电商平台。三是为农村剩余劳动力提供更多就业岗位，在很大程度上带动了周边农户的非农就业，促进了农民增收和生活富裕，并通过对农民的科技培训和科普推广，提升农民素质。共解决就业158.9万人，带动当地农户545.6万人；园区农户人均纯收入高于所在地农户近2000元，是同期当地农户的1.12倍；园区技术培训和科普能力不断增强，举办2.55万次技术培训，共培训114.39万人；共接待参观考察11.27万次，接待参观考察总人数563.74万人。

5.4 农业科技园区带动乡村振兴绩效评价的实证分析

5.4.1 绩效评价模型

为避免赋权过程中受主观因素影响，采用均方差法确定评价指标权重。具体步骤如下。

首先，对原始数据矩阵 X_{ij} 运用 min–max 的方法将数据转化为无量纲化数据矩阵 Z_{ij}：

$$Z_{ij} = \frac{(X_{ij} - X_{min})}{(X_{max} - X_{min})} \tag{5.1}$$

其次，求随机变量的均值 $\bar{Z}_j$ 以及均方差 σ_j：

$$\bar{Z}_j = \frac{1}{n}\sum_{i=1}^{n} Z_{ij};\ \sigma_j = \sqrt{\sum_{j=1}^{n}(Z_{ij} - \bar{Z}_j)^2} \tag{5.2}$$

则 j 指标的权重如下：

$$W_j = \frac{\sigma_j}{\sum_{j=1}^{n}\sigma_j} \tag{5.3}$$

得到的指标权重如表5-6所示。从表中可以看出，一级指标中，农业升级、农村发展和农民进步的权重分别为 0.428、0.278 和 0.294，这说明农业科技园区在加速农业升级方面的作用最大，国家农业科技园区对农村发展和农民进步方面的绩效还处于较低水平；二级指标中，经济贡献、科技创新、孵化能力的权重分别为 0.133、0.131、0.104，是反映园区绩效的重要指标；三级指标中，权重排名前五的分别是第二、第三产业产值占总产值的比重，及园区当年从业人数、园区品牌总数、主营业务收入、新增在孵企业数。

表 5-6　　农业科技园区绩效评价指标权重

一级指标	总权重	二级指标	分权重	三级指标（单位）	分权重
农业升级 (I_1)	0.428	孵化能力 (I_{11})	0.104	在孵企业数（个）	0.035
				毕业企业数（个）	0.028
				新增在孵企业数（个）	**0.042**
		品牌培育 (I_{12})	0.083	园区品牌总数（个）	**0.044**
				新增品牌数（个）	0.039
		科技创新 (I_{13})	0.131	引进新技术、新产品、新设施数（个）	0.028
				引进新品种数（个）	0.036
				推广新技术、新产品、新设施数（个）	0.038
				推广新品种数（个）	0.029
		产业带动 (I_{14})	0.110	技术性收入与生产资料销售收入占企业总产值的比重	0.026
				第二、第三产业产值占总产值比重	**0.084**
农村发展 (I_2)	0.278	经济贡献 (I_{21})	0.133	主营业务收入（万元）	**0.043**
				出口创税额（万元）	0.027
				年净利润额（万元）	0.027
				年缴税额（万元）	0.036
		基础设施建设 (I_{22})	0.056	电商平台数（个）	0.029
				园区管委会信息化投入（万元）	0.026
		要素生产率 (I_{23})	0.089	单位土地上的平均年产值（万元/公顷）	0.032
				单位劳动力的农业产值增加值（万元/人）	0.027
				单位土地面积投融资强度（万元/公顷）	0.030

续表

一级指标	总权重	二级指标	分权重	三级指标（单位）	分权重
农民进步（I_3）	0.294	收入带动（I_{31}）	0.074	就业人员人均年收入（元）	0.041
				园区农户与所在地农户年人均纯收入差距（元）	0.034
		就业带动（I_{32}）	0.081	**园区当年从业人数（人）**	**0.045**
				带动当地农户数（人）	0.036
		教育培训（I_{33}）	0.065	举办的技术培训次数（班次）	0.030
				技术培训总人数（人）	0.035
		科普能力（I_{34}）	0.075	接待参观考察次数（次）	0.039
				接待参观考察总人数（人）	0.036

5.4.2 绩效评价结果

根据科技园区绩效评价模型，计算106家国家农业科技园区在农业提升、农村发展、农民进步方面的绩效指数以及助力乡村振兴的综合绩效指数。

1. 助力乡村振兴的综合绩效情况

106家国家农业科技园区的综合绩效水平如表5-7所示。

表5-7　　　　　　不同类型国家农业科技园区的综合绩效

Ⅰ类		Ⅱ类		Ⅲ类		Ⅳ类	
园区简称	综合绩效	园区简称	综合绩效	园区简称	综合绩效	园区简称	综合绩效
桂林	**0.025**	旅顺	0.090	吕梁	0.122	三河	0.152
北海	**0.034**	吴忠	0.091	邯郸	0.124	岳阳	0.153
哈尔滨	**0.035**	定西	0.092	泰安	0.124	仙桃	0.153
广安	**0.039**	赤峰	0.093	盐城	0.125	建三江	0.154
璧山	**0.046**	安庆	0.093	芜湖	0.126	嘉兴	0.154
宁德	0.048	津南	0.093	银川	0.127	铁岭	0.155
晋中	0.052	渭南	0.094	湖州	0.127	滨州	0.157
贵阳	0.057	寿光	0.095	唐山	0.128	大庆	0.158
黔西南	0.060	鹤壁	0.095	石嘴山	0.129	浦东	0.160
运城	0.061	阿拉尔	0.098	红河	0.130	望城	0.162

续表

Ⅰ类		Ⅱ类		Ⅲ类		Ⅳ类	
天水	0.063	湄潭	0.099	拉萨	0.131	潜江	0.166
伊犁	0.063	黑河	0.099	楚雄	0.131	衡阳	0.171
乐山	0.064	新余	0.102	石林	0.132	石河子	0.172
三亚	0.065	毕节	0.103	阜新	0.136	濮阳	0.174
合肥	0.066	湘潭	0.106	湛江	0.137	宿州	0.184
和田	0.069	上饶	0.107	蚌埠	0.139	儋州	0.187
慈溪	0.070	榆林	0.108	荆州	0.140	西宁	0.187
铜陵	0.070	滨海	0.109	固原	0.141	白马	0.191
五家渠	0.070	通化	0.110	许昌	0.142	公主岭	0.193
广州	0.076	金华	0.110	南阳	0.142	辉山	0.211
顺义	0.077	井冈山	0.111	武威	0.142	忠县	0.220
乌鲁木齐	0.077	永州	0.113	杨凌	0.142	**泉州**	**0.259**
即墨	0.080	海东	0.116	雅安	0.146	**和林格尔**	**0.304**
延边	0.085	日喀则	0.116	常熟	0.147	**济宁**	**0.328**
金州	0.085	百色	0.116	松原	0.149	**武汉**	**0.377**
昌平	0.087	漳州	0.117	烟台	0.150	**淮安**	**0.407**
		南昌	0.120	东营	0.152		
平均值	**0.062**	平均值	**0.104**	平均值	**0.135**	平均值	**0.203**

总体上看，中国国家级农业科技园区的综合绩效处于较低水平，综合绩效水平平均指数仅为0.126。而且各园区综合绩效水平差异较大，变异系数高达49.97%。其中，综合绩效水平排名前五的依次是淮安、武汉、济宁、和林格尔和泉州，分别为0.407、0.377、0.328、0.304和0.259，而综合绩效水平排名后五的依次是桂林、北海、哈尔滨、广安和璧山，分别为0.025、0.034、0.035、0.039和0.046，综合绩效水平最高的淮安是最低的桂林园区的16.28倍。

从两个维度进一步明晰农业科技园区综合绩效水平差异。一是以25%、50%、75%、100%分位数为标准，对各园区绩效水平进行划分。将位于分位数25%以下的省份定义为Ⅰ类园区，将25%~50%分位数的定义为Ⅱ类园区，将50%~75%分位数的定义为Ⅲ类园区，将75%分位数以上的定义为Ⅳ类园区，发现：Ⅰ、Ⅱ、Ⅲ、Ⅳ类园区的平均综合绩效水平相差较大，分别为0.062、0.104、0.135、0.203。二是按照园区所在区域进行划分，比较东部、中部、西部园区在综合绩效方面的差异，发现：东部地区国家农业科技园区综合绩效高于中部地区，中部地区高于西部地区，分别为0.140、0.130和0.101。

2. 促进农业提升、农村发展、农民进步方面的分绩效情况

从综合绩效的指数结构上看，园区绩效主要体现在对农业提升方面，平均值为0.071，对农村和农民的示范和辐射带动功能尚未显现，平均值分别为0.011和0.045（见表5-8）。园区对农业提升水平指数平均为0.071，对园区综合绩效水平指数贡献率最大，为55.92%。其中，淮安、武汉、济宁、忠县、泉州这五家园区对农业提升的效应最大，指数分别为0.283、0.228、0.164、0.158、0.135；农村发展和农民进步方面的绩效指数较低，分别为0.011和0.045，它们对综合绩效水平指数的贡献率分别为8.76%和35.33%。其中，济宁、和林格尔、辉山、松原和烟台园区促进农村发展方面的绩效相对较高，分别为0.090、0.087、0.055、0.053和0.042；和林格尔、武汉、泉州、淮安、儋州园区农民进步方面的绩效相对较好，指数分别为0.128、0.118、0.101、0.087、0.085。这说明长期以来我国农业科技园区的建设更注重农业科技创新在农业产业提升方面的作用，对其在县域经济、创业就业、乡村生态环境、乡村治理等方面作用的发挥重视不足。

表5-8　　　　　　　国家农业科技园区的绩效结构情况

园区简称	Ⅰ类 农业提升绩效	农村发展绩效	农民进步绩效	园区简称	Ⅱ类 农业提升绩效	农村发展绩效	农民进步绩效	园区简称	Ⅲ类 农业提升绩效	农村发展绩效	农民进步绩效
桂林	0.000	0.000	0.024	阿拉尔	0.063	0.002	0.034	固原	0.065	0.001	0.076
北海	0.003	0.000	0.030	湄潭	0.072	0.007	0.020	许昌	0.078	0.018	0.046
哈尔滨	0.002	0.001	0.031	黑河	0.067	0.003	0.030	南阳	0.084	0.011	0.046
广安	0.012	0.001	0.026	新余	0.068	0.001	0.033	武威	0.080	0.013	0.049
璧山	0.018	0.002	0.027	毕节	0.085	0.000	0.018	杨凌	0.069	0.011	0.063
宁德	0.009	0.004	0.035	湘潭	0.048	0.002	0.056	雅安	0.105	0.007	0.034

续表

园区简称	I类 农业提升绩效	农村发展绩效	农民进步绩效	园区简称	II类 农业提升绩效	农村发展绩效	农民进步绩效	园区简称	III类 农业提升绩效	农村发展绩效	农民进步绩效
晋中	**0.012**	**0.005**	**0.035**	上饶	0.069	0.003	0.036	常熟	**0.058**	**0.018**	**0.071**
贵阳	**0.025**	**0.003**	**0.029**	榆林	0.071	0.003	0.034	松原	0.061	0.053	0.035
黔西南	**0.006**	**0.004**	**0.050**	滨海	0.068	0.008	0.033	烟台	0.076	0.042	0.033
运城	**0.010**	**0.001**	**0.050**	通化	0.080	0.004	0.026	东营	0.110	0.006	0.037
天水	**0.030**	**0.001**	**0.032**	金华	0.062	0.002	0.047	三河	0.084	0.034	0.034
伊犁	0.043	0.000	0.019	井冈山	**0.053**	**0.003**	**0.055**	岳阳	0.101	0.025	0.027
乐山	**0.020**	**0.013**	**0.031**	永州	0.072	0.005	0.035	仙桃	0.089	0.017	0.047
三亚	0.036	0.002	0.027	海东	0.062	0.003	0.051	建三江	0.082	0.009	0.063
合肥	**0.026**	**0.003**	**0.036**	日喀则	0.088	0.000	0.028	嘉兴	0.093	0.007	0.054
和田	0.044	0.001	0.024	百色	0.080	0.004	0.033	铁岭	0.080	0.002	0.074
慈溪	**0.018**	**0.001**	**0.051**	漳州	0.060	0.006	0.051	滨州	0.084	0.031	0.043
铜陵	0.041	0.002	0.028	南昌	0.082	0.005	0.034	大庆	0.109	0.005	0.038
五家渠	0.036	0.005	0.030	吕梁	0.086	0.003	0.033	浦东	0.081	0.020	0.058
广州	**0.028**	**0.006**	**0.042**	邯郸	0.077	0.010	0.037	望城	0.114	0.009	0.035
顺义	**0.006**	**0.014**	**0.056**	泰安	0.070	0.006	0.048	潜江	0.107	0.011	0.048
乌鲁木齐	**0.032**	**0.005**	**0.040**	盐城	0.077	0.007	0.040	衡阳	0.092	0.007	0.072
即墨	0.037	0.011	0.033	芜湖	0.068	0.002	0.056	石河子	0.093	0.034	0.044
延边	0.059	0.002	0.025	银川	0.078	0.001	0.048	濮阳	0.094	0.041	0.039
金州	0.055	0.003	0.029	湖州	0.085	0.002	0.039	宿州	0.112	0.019	0.053
昌平	0.043	0.003	0.040	唐山	0.075	0.023	0.030	儋州	0.101	0.001	0.085
旅顺	**0.038**	**0.003**	**0.049**	石嘴山	0.075	0.001	0.052	西宁	0.124	0.015	0.048
吴忠	0.053	0.002	0.035	红河	0.068	0.006	0.057	白马	0.128	0.013	0.049
定西	0.056	0.004	0.033	拉萨	0.065	0.000	0.065	公主岭	0.110	0.025	0.058
赤峰	0.047	0.001	0.045	楚雄	0.080	0.005	0.045	辉山	0.112	0.055	0.044
安庆	0.052	0.006	0.034	石林	0.089	0.001	0.041	忠县	0.158	0.008	0.054
津南	0.050	0.001	0.042	阜新	0.086	0.011	0.039	泉州	0.135	0.023	0.101
渭南	0.058	0.009	0.027	湛江	0.087	0.005	0.045	和林格尔	**0.089**	**0.087**	**0.128**
寿光	**0.016**	**0.007**	**0.072**	蚌埠	0.083	0.012	0.044	济宁	0.164	0.090	0.073
鹤壁	0.060	0.005	0.030	荆州	0.064	0.037	0.040	武汉	0.228	0.031	0.118
								淮安	0.283	0.037	0.087

注：按照综合绩效水平从低到高排列。

为了进一步分析我国农业科技园区在促进农业提升、农村发展、农民进步方面绩效的结构性差异,将综合绩效中农业提升绩效贡献率占主导地位的园区划分为第一类园区,将农民进步绩效的贡献率占主导地位的园区划分为第二类园区(表5-8中字体加粗显示)。我们发现,106家国家农业科技园区中,一类园区有82家,绩效主要体现在对孵化能力、品牌培育、科技创新、产业带动等农业升级层面,对农业升级的平均贡献率为60.2%。其中,毕节园区对农业提升的贡献率作用最大,为82.7%,这当中对农业提升作用最低的松原园区的贡献率也达到了41.0%。剩下的24家为二类园区,绩效主要体现在对农民收入、就业、技能和科普能力的提升上,对农民进步的平均贡献率为64.4%,哈尔滨、北海、桂林这三个园区对农民进步的贡献率都高达90%以上。而在农村发展的作用上,目前科技园区的作用还非常有限,对农村发展贡献率最大的是松原园区,贡献率也仅为35.3%,接下来依次是和林格尔、烟台、济宁、荆州园区,对农村发展的贡献率分别为28.5%、27.8%、27.6%、26.2%,有85家超过80%的园区对农村发展的贡献都低于10%。

5.5 研究结论及对策建议

5.5.1 研究结论

本章基于乡村振兴视角下的农业科技园区绩效评价,有助于增强农业科技园区发展研究与新时代国家战略的契合度,为科技园区的未来发展方向提供必要参考。主要的研究结论如下。

(1) 农业科技园区在推动乡村振兴方面起到了一定的积极作用,但其带动乡村振兴的综合绩效还处于较低水平。农业科技园区带动乡村振兴的作用主要体现在带动农业结构调整,促进产业升级,拉动县域及农村经济,加强农村基础设施建设,带动农民就业、增收、素质提升等方面。

106家国家农业科技园区乡村振兴的综合绩效水平指数平均仅为0.126，处于较低水平；各园区综合绩效水平差异较大，变异系数高达49.97%，综合绩效水平最高的淮安园区是最低的桂林园区的16.28倍；同时农业科技园区绩效的区域特征明显，东部地区园区绩效水平高于中部地区，中部地区高于西部地区。

（2）长期以来我国农业科技园区建设强调农业科技创新产出及其在农业产业提升方面的作用，弱化了园区功能的系统性和整体性，对其在推动地方经济发展、基层体制机制创新、农民教育培训、就业创业、脱贫攻坚等方面功能作用的发挥重视不足，使得当前农业科技园区的发展绩效主要体现在农业产业提升方面，对农村和农民的示范和辐射带动功能尚未显现。园区对农业提升、农村发展和农民进步方面的平均绩效指数分别为0.071、0.011和0.045，对综合绩效指数的贡献率分别为55.92%、8.76%和35.33%，并且有85家超过80%的园区对农村发展的贡献都低于10%。

5.5.2 农业科技园带动乡村振兴方面存在的问题

在取得显著成绩和面临大好形势的同时，农业园区建设存在诸多亟待解决的新问题。一是各种创新资源和农业科技企业在园区的集聚力度不够。政策和资金扶持方向不精确，乡村土地制度等在内的产权制度，金融政策、投资政策等措施没有很好地支撑农业园区发展，导致信息、人才、资金等要素不能在园区高度集聚，农业龙头企业培育难度很大。二是农业高新技术产业发展明显不足。农业经营规模过小、经营者科技素质偏低、农业科技成果推广体系功能不健全等问题制约着园区科技创新成果的高效转化和园区农业高新技术产业的发展，园区创新能力和发展后劲不足。三是园区对农村经济社会发展的支撑引领作用有限。当前，我国农业科技园区在农业产业、农村就业、农民收入等方面的带动能力和生态改善能力取得了一定成效，但还未充分凸显，仍处在探索的阶段。

5.5.3 促进农业科技园区乡村振兴效应发挥的对策建议

在新阶段下，农业科技园区是实施乡村振兴战略的先行者，高质量发展农业园区，使农业园区在农业发展质量、县域经济、脱贫攻坚、乡村生态环境、乡村治理等方面为乡村振兴保驾护航，需要从以下几个方面着力。

首先，强化高新技术对园区的引领，使农业由增产导向向质量导向转变，推动农业全面升级。一是使科技创新成为园区发展核心动力。强化高新技术在农业中的应用，推动设施装备升级和技术集成创新，促进农业产业链向中高端迈进；培育高新技术企业和产业，增加它们在园区的集聚程度，提高农业科研成果转化效率；加快农业物联网示范应用，借助"互联网+"提升园区建设质量和水平。二是把增加绿色优质农产品供给放在更加突出的位置。积极推广高效生态循环农业模式，降低农业生产成本，促进农产品向绿色化发展；强化园区在绿色农业产业链的技术创新与服务平台功能，支持农业园区组建绿色生产检测机构和专业化服务公司。三是强化品牌是产品"灵魂"的引领。推动园区品牌建设、品质管理，引导企业重视品牌塑造，提升产品的品质和品牌影响力。多种方式开展品牌宣传和推介活动，加强产销衔接，提高品牌知名度。做好品牌保护，使品牌成为提升园区产品价值的"一剂良方"。

其次，促进园区融合发展，带动农村建设向美丽宜居乡村建设转型，推动农村全面进步。一是促进一二三产业融合，带动农村社会发展。发展循环经济，净化生产环境，美化村容村貌，推动建设"生态宜居"；以休闲旅游观光功能为主导，充分发挥教育培训、文化传承等功能，推动实现"乡风文明"；创新园区体制机制，发展各类农村中介组织，推动农村"治理有效"。二是推动城乡融合发展，带动乡村振兴建设实现新突破。探索"园城一体""园镇一体""园村一体"等发展新模式。在园区规划和发展的特色上下功夫，建设美丽乡村和特色小镇。三是实施"农业园区+扶贫工程",带动精准脱贫。通过"农业园区+扶贫工程",与农民建立紧密的利益联结机制,最大限度地吸纳贫困农民到园区就业,拓展贫困农民增收渠道,实现园区建设和脱贫攻坚的互促共赢,使农业园区成为服务于脱贫攻坚的主战场。

最后,拓展园区创新创业和职业农民培训,促进传统农民向新型职业农民转型,推动农民全面发展。一是吸引培养人才,使园区成为农村大众创业、万众创新的重要阵地。引导农业园区与农村创业创新基地对接,使园区按照全产业链、价值链的现代产业组织方式开展创业创新,培育园区创业创新示范样板。优化园区创新创业环境,提高园区双创能力。营造集聚创新创业人才的生态环境,更加注重发挥创新型企业家、专业技术人才、青年科技人才在园区发展中的作用。二是积极开展农民培训,打造新型职业农民培育示范基地。鼓励农业园区积极申报建立新型职业农民培育基地,加大培训投入,整合培训资源,增强培训能力,创新培训机制,提升农民职业技能,培养更多爱农业、懂技术、善经营的新型职业农民和新农人,让新型职业农民和新农人在乡村振兴战略中发挥应有作用,做出应有贡献。

第6章

深度剖析：国内外农业科技园区集聚发展的典型案例及经验启示

作为重大技术突破和高新产业孵化的核心平台，农业科技园区已经成为全球农业竞争的弄潮儿。在物质结构和生命起源等重大原创性基础研究的引领下，信息、生物、制造等领域的突破性技术广泛渗透到发达国家的农业部门，合成生物学推动的生物技术革命、信息化主导的智慧农业等重大变革正在重塑农业生产经营模式（姜长云和杜志雄，2017）。作为全球最发达的农业强国和最大的农产品出口国，美国以家庭农场为基础的农业科技园区提供了科技化、规模化、融合化、创新化、差异化发展的重要平台，美国农业综合生产效率和竞争力进一步提高（成福伟，2017）。围绕节水、生态循环农业这一发展主线，以色列构建节水系统、研发推广节水技术、提升节水意识，大大提高了水资源利用率。前沿技术扩展了日本休闲农业园区的特色功能，中小企业通过农业园区进入农业生产领域，农业科技园区不断提高日本特色农业的产业融合度和私营部门参与度。中国农业科技园区发展起步虽晚，但部分园区发展较好，尤其是作为国家农业科技园区发展最高形式的农业高新技术产业示范区，在集聚发展方面也积累了可供借鉴的一些经验做法。因此，本章从全球视角，梳理总结美国、日本、以色列等发达经济体发展农业科技园区的集聚发展模式及特点，以及我国农业高新技术产业示范区的集聚发展历程、做法及成效,能为下一步促进农业科技园区集聚发展提供借鉴启示。

6.1 全球视野:国外农业科技园区集聚发展模式与主要特点

国外农业科技园区的发展起步较早,在 20 世纪 70 年代,以色列、日本、新加坡和美国就已经开始建立各种类型的农业科技园区。当前,国外农业科技园区整体发展趋势良好,并积累了大量成功经验,尤其是农业科技园区在利用现代先进技术发展生态绿色农业方面对我国有重要的借鉴意义。

6.1.1 美国农业科技园区模式:信息化水平高、专业化程度高、支持投入高

美国的农业科技园区是其农业现代化的重要标志。美国农业科技园区是农业部署下的农业科技教育、研究和推广协作的重要组成部分,主要依托州立的农业科研院所、州农学院开展科学研究、技术培训、农业开发、宣传推广等工作,同时,由全美约 4500 个非营利性合作社提供信贷、加工、销售以及储运服务。基本运行经费主要来源于国家财政拨款,并主要采取"家庭农场 + 农民专业合作组织 + 农业科技园区"的运行组织模式。

美国农业科技园区发展呈现出"三高"特点。一是信息化水平高。园区可以利用物联网技术,动态、精确地掌握农作物病虫害、畜禽疾病等信息,并及时采取应对措施,有效地节省了时间和资金,降低了农药使用量(尹丽莎,2017)。数据显示,目前美国农业科技园区对物联网的利用率高达 80% 左右。二是专业化程度高。美国对各种农作物产业带作出了科学、系统的规划,农业科技园区建立在特定的农作物产业带上,同时在生产、

加工、流通、贸易等环节也进行了精致化的分工，因而农业科技园区在产业上布局合理，专业化、特色化明显，同质化现象较为少见。比如，美国东部地区是牧草、乳牛科技园区集聚地，中部、北部地区则是谷物科技农业园区集聚地，而玉米综合科技园区主要集中在五大湖区（成福伟，2017）。三是支持投入高。美国农业部每年给农业科技园区拨款2300万美元，并专门针对绿色、生态农业等实施多项补贴，用于提高园区科技水平、提升种植效率（高祥晓和王倩，2018）。

6.1.2 日本假日农场模式：以农业观光、休闲为主

假日农场是以农业观光、休闲为主的农业示范基地，以农业新技术、新品种、农事活动的展示示范和农业休闲为主要内容，让游人体验农事，享受休闲、观赏的乐趣，达到寓教于乐的目的（赵庆惠，2010；丁小伦，2002；李春杰等，2017）。这种模式的农业科技园区不仅仅是农业本身意义上的园区，更多地属于农业有关的服务行业。假日农场主要有四种类型：一是在城市近郊或风景区附近开辟特色果园、菜园、茶园、花圃等，让游客自己摘果、种菜、赏花、采茶，享受田园之乐的观光农园；二是按照公园的经营思路，把农业生产场所、农产品消费场所和休闲旅游场所结为一体的农业公园；三是兼顾农业生产与科普教育功能的农业经营形态的教育农园；四是以森林风光与其他自然景观为主体，配套一定的服务设施、必要的景观建筑的森林公园（张晓玲，2004；骆高远，2021）。

日本农业科技园区主要是以农业观光、休闲为主的假日农场模式，规模普遍不大。日本农园起步于20世纪60年代，目前已经覆盖日本全国的各个区域。日本20世纪70年代发展起来的爱知县海部十四村的"空中花园"就是其中发展非常成功的园区之一，该园区将葡萄园景观的观赏、采摘、葡萄制品的品尝以及与葡萄有关的品评、绘画、写作、摄影等活动融为一体。总体来看，日本农业科技园区呈现出规模不大但政府支持范围广、力度大。受日本土地资源有限的约束，日本园区普遍规模较小，大部

分园区的面积在 6.67~13.33 公顷之间。但是，日本政府对农业科技园区的支持是全面的，包括土地利用、财政、税收、融资等一系列支持政策，而且制定了一系列的法律法规引导和支持观光农园和市民农园的发展。例如，1990 年颁布的《市民公园事务促进法》、1995 年颁布的《农山渔村停留型休闲活动的促进办法》、2007 年颁布的《农山渔村活性化定住等及地域间交流促进的相关法律》等。从园区的组织运行模式上看，主要采用"农户 + 农协 + 农业科技园区"模式，相关统计数据显示，日本共有 500 多个农协为农户提供相关服务，而且几乎所有的农户都加入了农协，这极大地提高了日本农业科技园区的运作效率。

6.1.3 以色列试验示范基地模式：以节水、生态循环为基础

示范农场是以推广先进技术为主的试验示范基地模式。示范农场是将一项新发明和新技术应用到实践中去的重要载体，既可以证实农业新技术新品种在实际生产作业中的应用价值，也可以使有价值的技术成果和农业新品种得到成功推广（申秀清和修长柏，2012）。

以色列农业科技园区主要采用的是示范农场模式，具有高效节水和科技含量高两大特点。以色列试验示范农场开始于 20 世纪 70 年代，以科研单位和生产基地相结合为基础，以政府专门的基金支持为保障，以沙漠农业和节水农业为主体，探索干旱和沙漠化生产条件下的农业发展。为发展高效节水农业、循环农业，以色列现代农业科技园区主要采取了如下措施。第一，加大对节水设施建设的资金和政策支持，包括对节水设施的引进、安装、升级、改造等的支持；培养节水意识、构建节水系统，鼓励各农业科技园区最大限度收集储存雨水，并在相关法律中明确规定节水制度与农产品销售挂钩；同时，构建形成了按照农作物生产实际要求进行水资源调配、输送、灌溉的节水系统（王桂朵，2017）。第二，加大对节水灌溉技术的研发和推广应用。以色列的灌溉资材生产企业都有自己的技术研发部门，针对不同农场在使用滴灌时出现的不同问题，研发了压力灌溉技

术，如滴灌、埋藏式灌溉及喷灌等，从而大大提高了水资源的利用率。第三，科技水平较高。计算机物联网技术和节水灌溉技术的结合使用，对灌溉、施肥、温度等进行控制和管理，实现了自动监测设施内植物的水分吸收量和环境条件，如湿度、温度等，控制水量、水肥和农药的配置比例，提高资源利用率并降低成本。农业新技术在以色列农业科技园区中被广泛应用，如将水肥一体技术运用到农作物栽培方面，使得水的利用率提高了40%~60%，肥料利用率提高了30%~50%。[①]

典型国家农业科技园区集聚发展模式比较如表6-1所示。

表6-1 典型国家农业科技园区集聚发展模式比较

国家	园区模式	发展特点	组织运行模式
美国	农业科技园区模式	信息化水平高、专业化程度高、支持投入高	"家庭农场+农民专业合作组织+农业科技园区"运行模式
日本	假日农场模式	以农业观光、休闲为主	"农户+农协+农业科技园区"运行模式
以色列	试验示范基地模式	高效节水农业和科技含量高	"家庭农户+莫沙夫+示范农场"运行模式

资料来源：根据相关文献整理而来。

6.2 国内视角：国家农业高新技术产业示范区集聚发展特点及主要做法

国家农业高新技术产业示范区（以下简称"农高区"）是农业科技园的一种高级形态，是培育农业高新技术产业高地、解决农业关键技术、形成科技创新引领的驱动先行区，能为农业科技园的建设发展提供现实样板（吴圣等，2019）。我国第一个国家级农高区国家杨凌农业高新技术产业示范区早在1997年7月就已建立，但是直到2015年10月，国务院才批复设

[①] 尹丽莎. 国外农业科技园区建设的经验借鉴[J]. 对外经贸实务，2017（4）：28-31.

立第二个国家级农高区——山东黄河三角洲农业高新技术产业示范区。2018年1月29日，《国务院办公厅关于推进农业高新技术产业示范区建设发展的指导意见》发布，首次以农业高新技术产业为主题，从国家层面系统指导农业高新技术产业示范区建设发展，提出到2025年布局不超过30家农高区，争取每一个省能有一个示范区，这标志着我国农高区建设进入加快推进的新阶段。截至2022年底，我国已经拥有9家国家级农高区，分别是陕西杨凌、山东黄河三角洲、江苏南京、山西晋中、吉林长春、黑龙江佳木斯、河南周口、内蒙古巴彦淖尔、新疆昌吉。按照"一区一主题"的发展要求，各园区在解决制约我国农业发展的突出问题方面，形成了可复制、可推广的模式（见表6-2）。农高区是农业科技园区的升级版，因此，本部分主要以前期的四家农高区为例①，系统剖析园区的建设背景、发展成效、集聚特点和主要做法，为推动国家农业科技园区高质量发展、转型升级为农高区的建设实践提供参考。

表6-2　　　9家国家农业高新技术产业示范区发展比较

名称	建立时间	发展主题	产业体系	管理建设特点
陕西杨凌农高区	1997.7	干旱半干旱地区现代农业	以农牧良种、环保农资为保障，以农产品加工、生物医药、农机装备为特色	"省部共建，以省为主"管理体制
山东黄河三角洲农高区	2015.10	盐碱地高效生态农业	重点培育壮大盐碱地特色种业、农业智能装备制造、大健康及功能性食品、农业高端服务业四大新兴产业	实行山东省与东营市共建
江苏南京农高区	2019.11	绿色智慧农业	生物农业为主导产业，协同推进农产品特色加工、农业智能装备制造、农业科技服务业，以未来食品产业为突破口	农业部和江苏省政府共同建设
山西晋中农高区	2019.11	有机旱作农业	以农副食品加工为主导产业	多级政府共建
吉林长春农高区	2022.4	松嫩平原绿色循环农业	以玉米为主导产业	—

---

① 吉林长春、黑龙江佳木斯、河南周口、内蒙古巴彦淖尔、新疆昌吉五个国家农业高新技术产业示范区，是在2022年4月经国务院批复的，时间较短，所以在此不对其进行分析。

续表

名称	建立时间	发展主题	产业体系	管理建设特点
黑龙江佳木斯农高区	2022.4	黑土地现代农业	以水稻为主导产业	—
河南周口农高区	2022.4	黄淮平原高质高效农业	以小麦为主导产业	—
内蒙古巴彦淖尔农高区	2022.4	河套灌区生态农牧业	以硬质小麦和肉羊为主导产业	—
新疆昌吉农高区	2022.4	干旱荒漠绿洲农业	以棉花为主导产业	—

6.2.1 陕西杨凌农高区：干旱半干旱农业发展"领行者"

1. 建设背景与发展成效

我国处于半干旱干旱地区的耕地面积占比较高，接近60%，因此，半干旱干旱地区的农业发展水平很大程度上决定了我国农业的整体发展水平。一直以来，国家高度重视半干旱干旱地区的农业发展，1997年7月29日，国务院批准成立了国家杨凌农业高新技术产业示范区，肩负起引领干旱半干旱地区现代农业发展的国家使命。杨凌农高区自建立以来，历经了一系列重大事件，如为促进国际农业科技合作，1998年成立杨凌示范区国际交流中心，与60多个国家和地区建立了农业合作关系；2012年与科技部合作成立了中国旱作农业技术援外培训基地，培训范围覆盖106个国家；2014年建设了丝绸之路经济带现代农业国际合作中心，共建海外农业科技示范园；2017年提出建立"一带一路"现代农业国际合作中心，打造世界知名农业科技创新示范区。与此同时，杨凌农高区积极探索农业标准化工作，2012年被授予国家农业标准化示范区。26年来，杨凌以科教资源优势与创新基因为依托，为中国乃至全球干旱半干旱地区现代农业发展提供了"杨凌良种""杨凌科技""杨凌方案"。

当前，杨凌农高区高质量发展成效显著，经济总量以倍数级持续提升。2018年，杨凌实现生产总值150.46亿元，是刚成立时的40倍。2019年，杨凌实现生产总值增长6.2%，地方财政收入增长7.5%，城镇登记失业率2.2%，城乡居民人均可支配收入分别增长8%和9.5%。农业科技方面，杨凌农高区在作物遗传育种、小麦条锈病防控等基础研究方面均取得突破性进展，部分领域处于国际领先水平；审定通过农作物新品种768个，仅小麦和玉米系列新品种在黄淮麦区累计推广面积就超过8亿亩，增产430亿斤，形成了科技支撑保障国家粮食安全的长效机制。

2. 聚集发展特点及主要做法

杨凌农高区聚科技、人才、资本、企业等要素，"科创综合体"集聚成效显现。

一是集聚科教资源。支持西农大"双一流"大学和杨职院"双高"建设，聚集了农林水等70多个学科、7000多名农业科教资源。有70多个省部级以上科研平台（其中国家级9个）、农大青年创业园、创业工场等创业孵化载体平台以及科技创新成果转移转化平台。大力推进协同创新，面向干旱半干旱地区建设农业科技创新的国家级科研平台，推动中国科学院、西安交通大学、西北工业大学等高校、科研单位在杨凌设立研发机构。同时，现有科技型中小企业40家，高新技术企业34家，研究与试验发展（R&D）经费占比达到3.27%。上述科教优势能为产业发展提供强有力的技术支撑和专业技术人才保障。

二是集群式布局。加强产业园区建设，按照现代化大生产的要求，引导企业向产业园区集中布局，共用基础设施条件，同享"企业社区"服务，推动产业集群化发展，提高发展效能和集约化水平，面向共同市场，以狼群、雁阵的模式发展。

三是示范推广效应显著。杨凌农高区逐步构建了围绕"核心示范、周边带动、广泛辐射"的信息化、社会化、多元化农业科技推广服务体系，探索形成了大学试验站、产业链、科技特派员、科技培训、媒体、展会六种示范推广模式。截至2021年底，在全国18个省（区、市）建成示范推广基地350个，年示范推广面积超1亿亩。"十三五"期间，面向旱区每年开展农业科技培训4.5万人次，累计推广新品种新技术2700多项。① 同时，杨凌农高区农民培训学校培训农民670多万人次，发放12000多个农民技术职称证书，在全国范围半干旱干旱地区进行技术推广②。

四是打造中国杨凌农业高新科技成果博览会品牌。中国杨凌农业高新科技成果博览会（以下简称"杨凌农高会"）已经成为我国农业高新科技领域最具权威和影响力的大型综合展会，品牌价值达到871.19亿元，成为与中国北京科技产业博览会、中国国际高新技术成果交易会、中国国际工业博览会齐名的中国四大科技展会之一。杨凌农高会至今已成功举办28届，前27届累计吸引了70多个国家（地区），以及我国30多个省（区、市）的上万家涉农单位、数以千万计的客商和群众参展参会，参展项目及产品超过17万项，交易总额超过1万亿元。③ 第28届农高会上展示了9000多项国内外最新农业科技成果及先进实用技术，集中签约906.44亿元，线上交易额累计2.39亿元。④

6.2.2 山东黄河三角洲农高区：盐碱地现代农业创新发展高地

1. 建设背景与发展成效

盐碱地是重要的后备耕地资源，盐碱地的开发治理，与我国拓展发展空间、改善生态环境、保障粮食安全息息相关。我国盐碱地规模大，盐碱荒地和影响耕地的盐碱地总面积达5.2亿亩，居世界第三位；分布广，涉及全国17个省区，其中黄河三角洲80%的土地是盐碱地，面积达1.04亿亩，土壤盐分含量从1‰～10‰自西向东梯次分布，覆盖了轻度、中度和

---

① 孙洁. 国家农业高新技术产业示范区：带动中国农业走创新驱动发展道路 [J]. 中国农村科技，2021（12）：30-33.
② 孙洁. 科技为基 培育"高颜值"现代农业 [J]. 中国农村科技，2018（5）：22-25.
③ "农业奥林匹克"来了！第28届中国杨凌农高会开幕 [EB/OL]. 新华社，2021-10-22. http://www.gov.cn/xinwen/2021-10/22/content_5644315.htm.
④ 第28届杨凌农高会闭幕 展示9000多项农科成果 集中签约906.44亿元 [EB/OL]. 陕西日报，2021-10-27. http://news.cnwest.com/sxxw/a/2021/10/27/20052665.html.

重度三种盐碱地类型,① 是世界盐碱地的典型代表之一,更是发展盐碱地现代农业的天然试验场。因此,把这些盐碱地高效利用起来的空间非常巨大,亟须探索盐碱地综合治理与高效利用的新路子。为此,2015年10月,国务院批复设立山东黄河三角洲农业高新技术产业示范区,成为继杨凌农高区后的第二个国家级农高区,其前身是1950年设立的国营广北农场,在2010年被设立为东营农高区,然后在2011年被批复为省级农高区,在2012年被批复为国家农业科技园区,2015年批复为国家级农高区,肩负起打造以盐碱农业技术创新为引领的全国农业创新高地。

当前,黄河三角洲农业高新技术产业示范区在发展盐碱地现代农业方面取得了显著成效。2019~2021年,示范区盐碱地现代农业试验示范基地的土壤肥力普遍提升了1~2个等级。根据农作物各生育时期承受的盐度上限制订灌溉计划,将作物根区盐分调控在可耕种水平,3年内能将盐碱地土壤盐分从4‰~6‰降至3‰以下,节约淡水38%以上。改大水漫灌排碱为微喷滴灌,单次灌溉亩均用水量由120立方米降至25立方米。建成盐生植物种质资源库,搜集国内外粮食、饲草、药用植物、果蔬等盐生作物种质资源13科42属89种,共计1.5万份。各育种团队初步选育新品系37个,示范推广9.2万亩,亩增效益15%~20%。综合应用耐盐良种、生物菌肥和智慧稻草人等技术成果,"渤海粮仓"科技示范工程平均亩产403.1公斤,相比工程实施前,平均亩产提高近100公斤,有10万多亩盐碱地变为"吨粮田"。在3‰的盐碱地上,使用粉垄技术使玉米产量达到每亩491.98公斤,比使用(普通)旋耕技术的高出104公斤,增产效果明显。②

2. 聚集发展特点及主要做法

黄河三角洲农高区通过聚集高端资源、培育高新技术产业、建设创新

---

① 山东省黄河三角洲农业高新技术产业示范区管委会. 推进黄河三角洲农业高新技术产业示范区高质量发展的思考 [J]. 中国科学院院刊, 2020, 35 (2): 183-188.
② 黄河三角洲农业高新技术产业示范区积极探索 把盐碱地变成丰产田 [EB/OL]. 人民日报, 2022-4-8. https://finance.sina.com.cn/china/gncj/2022-04-08/doc-imcwipii2997707.shtml.

平台、打造农业高新技术产业集群，促进了生态智慧、高质高效的盐碱地现代农业发展。

一是吸引人才、资金等要素集聚。黄河三角洲农高区已汇聚中科院、中国中医科学院、山东省农科院等34家高校院所68支团队399名科研人员。建立了独立一级的财政管理体制，实行省里和东营市共建，稳定财政资金支持，2017~2019年，省级财政部门每年安排科技创新发展资金15000万元，东营市财政部门每年安排资金5000万元。对产业化前景好的技术创新和成果转化项目，则通过风险补偿、后补助、企业委托研发等方式，积极推动各类金融资本投入，参股成立了"北京中农科联"等5只农业科技投资基金，以及农业融资担保公司、民间资本管理公司、黄河三角洲现代农业公司等投融资机构，已融资10.9亿元。

二是建设八大现代农业重大科技创新平台。依托山东省、中国科学院共建的黄河三角洲现代农业技术创新中心，面向盐碱地农业和黄河流域高质量发展的需要，聚焦盐碱地现代农业前沿和关键技术，建设了农田生态系统定位观测与智慧农业研发平台、新一代清洁能源智能农机装备中试研发平台、盐碱地动植物分子育种研发平台、大健康及功能食品研发平台、农业绿色投入品研发平台、农产品有害因子检测服务平台、农村有机废弃物资源化利用研发平台、盐碱地农业综合解决方案及系列化服务验证平台八大创新平台。

三是培育四大农业高新技术产业集群。重点打造特色种业、大健康及功能性食品、农业智能装备制造、农业科技服务业四大高新技术产业。以建设黄河三角洲国家种业创新产业园为重点，打造集盐碱经济作物、资源植物、设施渔业、农业益虫和微生物种业为一体的"种业硅谷"，建设"种业小镇"；培育形成以无人智能系统研发、核心零部件制造、整机装配及市场化应用、大数据系统服务为核心的农业智能装备制造业；研发生产盐生植物、药用植物、海洋生物、食药用菌、乳品和微生物等领域的功能食品加工基地以及培育全链条农业科技服务产业体系（山东省黄河三角洲农业高新技术产业示范区管委会，2020）。

6.2.3 江苏南京农高区：都市型现代农业引领者

1. 建设背景与发展成效

都市型现代农业是现代农业在大都市地区的特殊表现形式，是指在城市区域范围乃至城市经济圈内产生的紧密依托并服务于城市的业态丰富、产业融合、功能多样的农业生产综合体系（张仁杰，2018；郭淑敏，2015）。都市型现代农业是城镇化的重要产物（周培，2017），城市化使得人口在城镇大量集聚，产生了对城市周边供应生鲜农产品的需求，而先进的农业生产方法和手段，优先被城市周围的生产力获得，从而使城市周边的农业供给成为可能。南京城镇化率较高，为82.5%，发展都市农业的需求强烈。为此，南京把发展现代农业摆在重要位置，积极探索在中心城市发展都市型现代农业的路径。2019年11月，国务院正式批复建设江苏南京国家农业高新技术产业示范区，其前身是2008年开始规划建设的南京白马园区，在2009年和2011年又被分别认定为省级现代农业科技园区和国家农业科技园区，目前，南京农高区成为自启动正式申报程序以来的全国首批、长三角地区目前唯一的国家农高区，是江苏落实好习近平总书记"加快建设现代农业，力争在全国率先实现农业现代化"殷切嘱托的生动实践。[①]

南京农高区紧扣绿色智慧农业主题，以生物农业为主导产业，努力建设国际农业科技合作示范区、长三角农业科技创新策源地、科技振兴乡村样板区[②]。近年来，南京农高区集聚效应明显，内部创新资源不断汇聚，新技术示范、新成果应用、新产品推广日益增多，高新技术产业集聚程度加深，尤其是生物农业不断壮大，对南京现代农业发展甚至长三角地区经济发展都起到了示范引领作用。预计到2025年，园区总产值将达350亿

[①] 中共江苏省委江苏省人民政府关于深入学习贯彻 落实习近平总书记视察江苏重要讲话精神的意见［EB/OL］. 中国共产党新闻网，2015 - 3 - 19. http：//cpc.people.com.cn/2015/0319/c64387 - 26719457. html.

[②] 国务院关于同意建设江苏南京国家农业高新技术产业示范区的批复［EB/OL］. 2019 - 11 - 18. http：//www.gov.cn/gongbao/content/2019/content_5459136.htm.

元，高新技术企业增至100家。

2. 聚集发展特点及主要做法

一是吸引各类创新资源集聚。南京农高区积极创造条件，吸引各类创新资源入驻。例如，2021年，南京农高区以大院大所座谈会为抓手，集聚各类高端科研平台，推动未来食品技术创新中心实体化运行；加强对国内外农业科技高端人才引进、企业和研究机构入驻的配套支持，启动人才公寓、会议交流中心等设施建设；同时，给予相应的配套资金支持，国家、省、市财政各安排科技项目资金1亿元，农业产业基金100亿元，对创建省级以上制造业创新中心给予最高3000万元奖励。园区已集聚10所涉农高校院所，包括南京农业大学、南京林业大学、江苏省农业科学院、农业农村部南京农业机械化研究所、江苏省中国科学院植物研究所、江苏省现代农业装备科技示范中心、江苏省农业机械试验鉴定站等，拥有80多个市级以上科研平台、650多项农业科技成果、200多名高层次双创人才，486家入驻企业中有29家高新技术企业。

二是加速形成农业高新技术产业集群。南京农高区积极构建以生物农业为主导，以农产品特色加工、农业智能装备制造、农业科技服务业发展为特色，以未来食品为突破口的"1+3+1"的产业体系，努力打造装备制造业集聚区、生物农业产业集聚区、农产品加工产业集聚区。如2021年，南京农高区开展产业集群培育行动，通过召开农业龙头企业座谈会、举办系列招商活动，促进产业链上下游企业集聚。2021年引入项目70个，总投资超100亿元。① 拥有黑莓、蓝莓等特色产业基地11.5万亩，"两莓"产业向更高层次发展。② 预计到2025年，生物农业产业规模达60亿元，高新技术产业产值占规模以上工业总产值的比重达51%，将加速形成农业高科技产业集聚。

---

① 南京国家农高区 新时期踏上新征程［EB/OL］．人民网，2021-01-26. http://www.moa.gov.cn/xw/qg/202101/t20210125_6360471.htm.
② 孙洁．国家农业高新技术产业示范区：带动中国农业走创新驱动发展道路［J］．中国农村科技，2021（12）：30-33.

6.2.4 山西晋中农高区：有机旱作农业探索者

1. 建设背景与发展成效

有机旱作是破解北方农业可持续发展的重要方向。2017年6月，习近平总书记视察山西时，明确指出："要坚持走有机旱作农业的路子，完善有机旱作农业技术体系，使有机旱作农业成为我国现代农业的重要品牌。"① 晋中市旱地面积达370万亩，占总耕地面积的65%以上，是典型的旱作农业趋势。针对这种情况，2019年11月18日，国务院批复同意建设山西晋中国家农业高新技术产业示范区，山西农谷上升为国家战略，成为当时全国仅有的四个国家级农高区之一。山西晋中农高区以有机旱作农业为主题，以农副食品加工为主导产业，努力建设全国健康食品和功能农业综合示范区、科技产业孵化示范区、特色农产品优势区、农产品加工物流集散区，在北方旱作农业区农业提质增效、做大特优农产品、做优设施农业、做强现代农业服务业等方面探索示范。②

山西晋中农高区建立时间虽短，但发展成效显著。园区2019年、2020年连续两年产值突破100亿元。其中，2019年总产值103.1亿元，第一产业、第二产业、第三产业产值分别为21亿元、23亿元、59亿元。尤其是农业高新技术产业快速发展，占园区总产值的比重达到34.2%，电子商务交易额8亿元以上，旅游总收入2627万元。2021年，晋中国家农高区固定资产投资实际完成31.4亿元，超过目标值3.3亿元，同比增加34.5%；农产品加工业产值17.66亿元，农林牧渔业总产值7.06亿元，综合考核连续三年位列全省农业类开发区第一。

2. 聚集发展特点及主要做法

一是集成有机旱作农业技术模式。多项有机旱作农业技术在园区得到

---

① 山西省有机旱作农业扎实发展[EB/OL]. 中国政府网，2019-09-06. http://www.gov.cn/xinwen/2019-09/06/content_5427743.htm.
② 国务院关于同意建设山西晋中国家农业高新技术产业示范区的批复[EB/OL]. 中国政府网，2019-11-18. http://www.gov.cn/gongbao/content/2019/content_5459135.htm.

应用，有效促进了旱作农业的提质增效。例如，"量水循环增碳技术模式"在晋中农高区实现推广应用；优势水果区"果—菇—肥"、农牧交错区"513 草畜粮"生态循环模式，实现了农业废弃物资源化多级利用的同时，使得果区与农牧区每亩土地综合经济效益分别增加 1500～2000 元和 400～500 元；有机旱作谷子全程机械化技术，实现了谷子从耕、种、管、防、收等工序全程机械化，目前已经应用到 30 个品种，彻底告别了过去生产效率低、成本高、品质差的局面。

二是构筑农业高新技术汇聚平台。初步建成"一所、两室、五中心"，"一所"是谷子研究所；"两室"是有机旱作农业实验室、智能农机装备工程实验室；"五中心"是指产品研发展示中心、农产品质量检验检测中心、科研产品中试中心、科研中心、山西中药材分子工程研发中心。① 截至 2021 年底，晋中国家农高区已引入高新技术企业 42 家，建设省级以上重点实验室和技术研究中心 42 个，可转化新品种、新技术 208 项，发布标准 30 余个，推广新品种、新技术 900 余项，② 有力支撑了创新高地建设。

三是建设高新技术企业集聚高地。晋中国家农高区着眼产业链建设，不断提高市场占有率，出台一系列优惠政策，加大招商引资、招才引智的力度，争取大项目、好项目落户。晋中农高区已经与中化集团、中粮集团、蒙牛集团等企业达成合作意向；并吸引了南方食品、大北农集团、国新晋药集团、先正达现代种业等一批实力雄厚的国内大型龙头企业及农业高新技术企业入驻，形成行业领军企业集聚效应。截至 2021 年底，园区入驻高新技术企业 35 家。

四是吸引农业领域顶尖人才集聚。晋中国家农高区依托山西农业大学（省农科院），从政策支持、配套服务、平台建设等方面量身定制了让科技人才"引进来、留得住"的 10 条相关政策，快速吸引农业领域顶尖人才

---

① 晋中国家农高区：希望的田野收获创新的果实［EB/OL］. 山西省商务厅网站，2021 - 12 - 21. http：//www. shanxi. gov. cn/yw/zwlb/bmkx/202112/t20211221_948663_ewm. shtml.
② 晋中国家农高区"高"在哪［EB/OL］. 山西日报，2022 - 04 - 01. http：//sx. people. com. cn/n2/2022/0401/c189130 - 35203054. html.

集聚。截至 2021 年底,已柔性引进 7 位院士、1 名"长江学者"、50 名博士、11 名特聘专家进入农谷专家智库,48 名国内知名专家受聘乡村调查研究院。同时,建设农民培训学校,形成 17 个大类、26 个专业模块的培训体系,开展"理论教学+实践操作+参观交流+跟踪服务"为一体的培训,培育高素质农民和提升全民技能,已经为全省乡村振兴培育了 1.5 万余名农业技能人才。

6.3 重要启示:国内外农业科技园区集聚发展的经验启示

世界各国科技发展的经验表明,高科技产业总是呈现出空间集聚的特点。农业的发展也不例外,农业现代化发展到一定阶段以后,也必然经历这样的发展过程,逐渐开始形成一种空间积聚的状态。与其他产业不同的是,农业科技园区不仅仅是高新技术的简单空间聚集,还有示范和推广先进农业技术、带动形成农业高新技术产业和高技能农民的功能。尽管各种类型的农业科技园区在空间规模、组织结构上各有不同,但是作为农业高新技术集聚的地域空间,园区的发展又存在许多的共同特点。通过对国内外农业科技园区的典型案例的深入分析,我们得出结论:农业科技园区集聚效应的形成和释放,整体看来,要由内到外、由初级到高级、由近期到远期依次经历三个阶段——首先吸引资源在园区内部集聚;其次农业科技园区的科创机构和农业企业融合互动、协同发展,促进园区扩大产能、研发技术、开拓市场的成本下降;最后联动园区内农业高新技术产业集聚,带动农民、农村发展,这是园区集聚效应的最高层次。

6.3.1 吸引各类资源在园区内部集聚,是集聚效应形成的前提基础

不管是从发达国家经验看,还是从我国国家农高区建设的实践看,都

注重集聚人才、技术、资本等创新要素。通过制定引进人才的优惠政策、加快完善基础设施和公共服务设施、加大财政金融资金支持等政策，吸引创新要素资源和各类主体入驻园区发展。例如，美国财政金融支持园区发展，农业部每年给农业科技园区拨款 2300 万美元，而政策性、商业性金融机构则为农业科技园区提供多元化的金融支持；日本休闲农业园区建设的资金中，政府出资的部分占主导；晋中农高区设立了总规模 20 亿元的产业基金，并由省财政发起设立总规模 100 亿元的 PPP（pubilc–private partnership）融资支持基金，山西省出台的其他相关支持政策更是多达 20 多项。这些政策的落地实施，有效吸引了人才、技术、资本等创新要素在园区集聚。因此，在农业科技园区发展的起步阶段，首先必须引智入园、引资入园和引技入园，这是集聚效应形成和释放的根本前提。

6.3.2 构建资源紧密结合、融合互动的体制机制，是集聚效应发挥的必要条件

在农业科技园区发展起步阶段，解决好引智入园、引资入园和引技入园问题后，要构建园区各类资源要素和各类主体之间互动、融合发展的体制机制，使它们之间产生"化学反应"，降低各类成本，形成规模效应。大学及科研单位的技术支持、产学研的对接是园区农业技术得以推广、应用，实现在园区产业化、规模化过程中不可或缺的重要环节。如果科研机构和企业等只是在空间上扎堆，而没有产生"化学反应"，那么反过来会削弱园区对创新资源的吸引力，就难以形成并释放集聚效应，更难以发展高新技术产业。从国内外农业科技园区的发展经验可以看出，它们都注重产学研用的紧密合作与对接，甚至很多园区建立了自己的研发部门，并加强与高等院校、农业科研机构的交流合作，实现农业科技成果落地及产业化发展。如以色列灌溉技术的广泛应用、美国甜瓜新品种的推广等，都是通过向农业生产者展示推广新品种、新技术，帮助农业生产者通过使用新技术、种植新品种获得更大收益。

6.3.3 促进高新技术产业集聚、带动区域发展，是集聚效应释放的主要形式

充分释放园区集聚效应，必须在园区要素汇集、要素之间产生化学反应的前提下，园区形成高新技术产业集群，带动区域经济发展，是集聚效应呈现的高级形式。国内农高区都是依托并充分融合区域内的背景资源，建设符合"一区一主题"发展要求的园区，这是农高区发展的基本思路，也是发展成功的关键。例如，杨凌农高区是引领干旱半干旱地区现代农业发展，山东黄三角农高区是推进盐碱地综合利用，南京农高区是推动绿色智慧农业发展，晋中农高区是推动有机旱作农业发展。与此同时，在园区主题的基础上，有明确的主导产业及产业发展定位，符合"一区一主导产业"的建设思路。例如，南京农高区以生物农业为主导产业，晋中农高区以农副产品加工为主导产业等，最终形成农业高新技术产业集群，提升产业影响力，有利带动农业变强、农村变美、农民变富，最终促进整个区域经济发展。

第7章

未来展望：我国农业科技园区集聚发展趋势及研究展望

我国已经全面建成小康社会，实现了第一个百年奋斗目标的伟大胜利。当前，农业农村发展已经开启现代化新征程，农业园区发展迎来战略机遇期和发展黄金期，新发展阶段下的园区发展动力、发展形式、发展使命、组织方式等都在发生变化。持续加大的重大关键技术攻关力度，给园区提供了源源不断的科技动力；科技创新体制机制的深刻改革，将进一步提升园区转化高科技成果的战略平台地位；物联网、智联网、大数据、云计算、5G等新一代信息技术的应用，将打造农业科技应用新场景，赋能农业发展新业态；质量兴农和绿色兴农战略的深入实施，园区在保障农产品安全性、多样性和优质性方面的规模优势和质量优势将进一步凸显；产业融合、城乡融合赋予园区新的使命，要求在促进农高区新技术产业发展的同时，要更加注重一二三产业融合，推进城—镇—村多元融合；以科技创新联盟为载体的产学研一体化加速推进，各专业、学科、区域和单位原有的界定被打破；市场化的农业科技创新的日趋重要，促使园区要从政府主导的行政化管理向以企业为主导的社会化管理模式转变；"一带一路"的深入实施，拓宽了园区国际合作的市场空间的同时，外部竞争的加剧也激发了园区更强的内生发展动力。总体来看，

第7章 未来展望：我国农业科技园区集聚发展趋势及研究展望

未来，我国农业科技园区将呈现出数字化、绿色化、融合化、联盟化、管理灵活化、国际化等发展趋势。

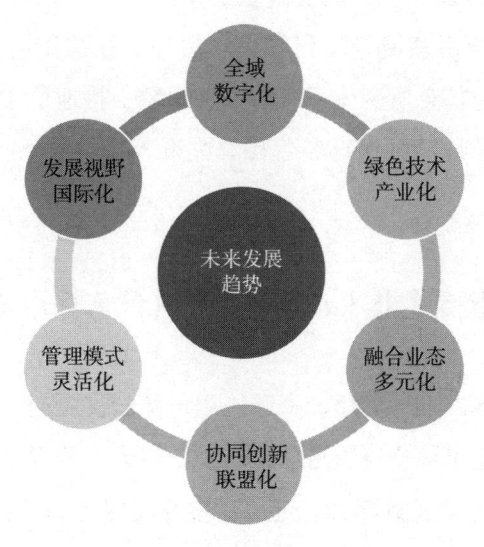

7.1 农业科技园区未来发展趋势研判

我国农业农村发展已进入新的发展阶段，农业农村发展基础条件、运行机制、外部环境、目标任务、工作要求都发生了深刻变化，要求农业科技园区按照农业农村发展的新要求，聚焦农业农村发展新需求，调整发展战略，增强围绕农产品产、购、销、储、加各环节的创新与储备，更好地发挥战略引领作用。未来，农业科技园区发展趋势将呈现以下几大特点（见图7-1）。

图7-1 农业科技园区未来发展趋势

7.1.1 园区全域数字化转型升级加快，加速园区发展进入快车道

移动互联网、大数据、云计算、物联网等新一代信息技术与农业科技

园区的农业研发、生产、加工、经营、管理、服务等深度融合，提升园区科技含量，提高产品经济效益，激发园区发展活力。农业生产方面，利用红外高清摄像头、传感器等智能设备，及时了解基地内的温度、湿度、光照、二氧化碳、土壤养分、土壤 pH 值等，并通过物联网技术构建园区物联网大数据平台，实现智能化、精准化生产。经营管理方面，园区经营管理者对农产品的销售数据进行有效挖掘与分析，形成用户消费画像，为园区的生产提供有效决策依据，实现精准化销售、精益化生产，提高园区经营优势，增强抵抗市场波动能力。园区服务方面，移动互联网、人工智能、虚拟现实（virtual reality，VR）技术、增强现实（augmented reality，AR）技术等的应用，极大地推动了第三产业发展，优化园区旅游服务、运输服务能力。基于 VR、AR 技术，为大众提供一个沉浸式的园区科普平台，通过寓教于乐的方式向大众普及农作物的培育、生长环境、应用领域等文化知识。另外，在决策咨询方面，园区可以通过建立的农业信息监测体系，为灾害预警、耕地质量监测、重大动植物疫情防控、市场波动预测、经营科学决策等提供服务（王瑜和郑子辉，2019）。

7.1.2　园区绿色技术产业化，推进绿色循环农业高质量发展

农业科技园区在能源利用、资源使用、基础设施建设、产业发展、管理运行等方面将逐渐向全流程绿色化转型，探索工业发展和节能减排相互促进、相互结合的发展新模式。更加注重开发绿色农业技术产业化功能，主要体现在两个层面：一是园区内部层面，要积极探索不同类型的绿色农业科技和绿色防控技术转化模式，创新绿色技术产业化运行机制，充分发挥绿色农业产业链的技术创新与服务平台功能，有效推动绿色农业科技成果集成应用、产业化发展，形成技术地方化和标准化的绿色农业产业化集群；二是园区外部层面，园区绿色技术推广应用为周边农户提供相关的农业绿色化发展服务，如农田生态环境检测服务、技术推广服务、经营信息

服务、标准化操作规范服务、产业融合服务和创业孵化服务等。同时，创新绿色发展的组织及激励机制，支撑农业绿色高效发展，如建立绿色生产服务补贴奖励机制，组建绿色生产检测机构和专业化服务公司，探索"龙头企业+专业化组织+农民合作社""龙头企业+专业协会+农户"等类型的组织模式，实现农业资源保护、生态修复、资源循环利用、有害废弃资源回收和无公害化处理等（马培衢，2016）。

7.1.3 园区融合业态多元化，形成融合发展新格局

伴随市场竞争愈发激烈，以及"促进一二三产业融合发展"政策持续落实，园区经营模式将趋于多产业、多元化方向发展。尽管农业产业、农业高科技产业是农业科技园区发展核心，但其不是唯一战略布局方向。园区建设者将结合技术研究以及融合加工业、文化产业、旅游业等，促进园区向集生产、加工、销售、文化旅游等功能于一体的园区转变。探索包括特色加工、定点加工、订单加工、优势加工等在内的既适合园区特点又适应市场需求的加工方式，显著提升园区深加工能力。农业的多功能性价值得到充分重视，园区农业功能向经济、社会、文化、生态等功能拓展，形成新的产业形态。挖掘园区新的消费业态，更加注重市民的主动体验和需求体验，将催生出更多有内涵、有个性、有创意、有文化、有市场、有主题的休闲类农业科技园区。同时，更加注重全产业链的开发与推进，注重园区的品质、品位和品牌，形成新技术、新业态、新商业模式，带动园区各类资源的整合集成和优化重组。

7.1.4 园区协同创新联盟化，抱团互补作用发挥

联盟是园区发展的升级版。"一花独放不是春，百花齐放春满园"，单打独斗已经不适应以消费为导向的现代农业，抱团互补是做强园区的必然选择。成立园区联盟能有效降低市场风险，从人才、技术、市场、宣传等

多方面实现互补，调配园区的资源优势，拓展园区的发展空间，提高园区在市场经济中的竞争力。未来，农业科技园区联盟组建的步伐将加快，将按照多方协商、利益共享、协同发展、市场化运作的模式，建立议事和执行机构，制定章程。以解决园区发展存在问题为牵引，形成平台化运作的管理机制，为园区带好头、服好务。联盟通过制定园区产业标准体系，建立园区农产品销售、供应等方面互助互利体系，帮助园区包装策划项目，争取各类国家政策扶持，加强各类金融机构的协调合作，发挥联盟联结政府和市场的桥梁作用；联盟承担起培育园区技术和管理人才的工作，解决联盟成员的技术难题，发挥联盟人力资源共享的作用；联盟发挥大物流、大市场、大平台的作用，通过园区展销、宣传推介等活动，扩大园区整体营销力；联盟充分发挥交流平台的作用，组织学术交流、技术交流、考察交流等活动，了解园区行业发展态势。

7.1.5 园区管理模式灵活化，向政企合作模式转变

农业科技园区管理运作模式主要分为政府主导型、企业主导型以及政企合作型。在政府主导模式下，政府可集中大量资本和人力，协调多方面资源以及产业链服务关系进行园区建设，但由于政府对于市场的敏感性不强，其产业布局或将存在一定的滞后性，造成产业经济效益较低。在企业主导模式下，园区可充分发挥市场对资源的主导作用，以市场需求为导向，合理布局产业结构，产业经济效益较为显著。基于政企合作模式建设的农业科技园区，一方面通过政府引导、社会资本广泛参与园区建设，有效解决园区建设融资困难、地方政府资金不足等问题；另一方面政府可通过竞争方式引进综合实力较强的企业参与园区建设和运营管理工作，这将有助于提高园区运营管理效率，助力园区有序发展。伴随政企合作模式的大力推广，政府将农业科技园区的部分建设任务以特许经营权方式转移给企业，推动企业在农业科技园区中的作用日益增强。因此，政企合作模式将成为未来园区建设的主流方向。

7.1.6 园区国际化进程再提速，推动产品技术服务"走出去"

加强园区国家合作、布局发展境外园区，是农业对外投资的重要载体和表现形式。中国推动共建"一带一路"的倡议得到全球多个国家的认可，中央一号文件也多次强调，要加强与"一带一路"沿线国家和地区及周边国家和地区的农业投资、贸易、科技、动植物检疫合作。因此，"一带一路"建设将扩展农业科技园区的国际市场空间，统筹国际国内两个市场、两种资源，在农业科技与服务"走出去"战略中发挥重要作用。"一带一路"倡议下的农业投资成为中国农业"走出去"的重要方向和增长点。当前，我国已经布局了一批海外农业科技园区，在粮食作物种植、棉花和蔬果种植、植物保护与检疫、畜牧和兽医、农业技术研究与推广、农业机械、农产品加工、人员培训等领域开展各项合作，进行农业示范、推广和应用（王琦等，2016）。随着政府层面加大对境外农业科技园区建设的政策引导和推动，未来园区"走出去"的步伐将加快，进一步拓展与"一带一路"沿线国家和重点区域的农业合作，在特色农业生产、农产品加工、农业装备、生产资料等方面开展优势产能对外合作，积极在境外建设农业基地，共建农业科技园区。与此同时，民营资本也顺应技术转移和产能转移的大趋势，发挥自身资金的灵活性，自主投资设立一些境外农业科技园区，并通过"报团取暖"或"组建联合舰队"等模式在境外建立农业生产基地，推动我国优势特色产品、技术装备、技术标准和服务"走出去"常态化。

7.2 农业科技园区下一步研究展望

当前，国内学者对我国农业科技园区的发展背景、典型特点、发展模式及其对农业农村发展的作用路径进行了不同层面的研究，对特定的农业科技园区的科技创新能力、影响因素及其对乡村经济社会发展的作用效果和制约因素进行了有益探索。但在相关研究稳步推进的同时，创新驱动发展和乡村振兴上升为国家战略，创业创新受到前所未有的重视，乡村发展成为极关键的民生问题，农业板块的综合创新能力和乡村的全面振兴需要农业科技园区给予更强力的支持。既有农业科技园区的研究在研究视野与范围、评价方向与方法、影响效应及驱动因素等问题上都存在不足，无法满足时代需要。农业科技园区的研究需要结合园区发展内外环境变化、功能定位变化以及国家战略变化，在更广阔的视野下继续深入推进。鉴于经济发展新阶段下继续推进农业科技园区相关研究的现实需求和目前研究中的不足，亟须加强及优化以下领域研究：从农业科技园区功能的系统性和整体性出发，在扩宽研究视野、优化评价体系和方法的基础上，把握农业科技园区发展动态变化趋势；加强不同维度下的园区比较研究，科学评价农业科技园区发展绩效；探究园区内外互动集聚效应的产生动机和机制，实证分析园区不同发展阶段下的集聚效应，提出农业科技园区及其与周边农业农村互动发展的政策体系与管理模式等。这既是推进园区运行机制的理论创新和深化实证研究的需要，也是为增强农业科技园区发展与新时代国家战略契合度提供科学决策服务的需要。

7.2.1 加强农业科技园区发展动态跟踪及比较研究

由于常规统计数据不匹配、园区关键数据较难获取等原因，现有研究主要对某一具体地区或者典型园区某一年的发展情况进行分析，对园区发展动态变化趋势研究略显不足，也较少从不同类别、区划、成立批次等维度出发对不同园区发展情况进行比较。尽管在国家创新调查制度实施以来，我国建立了国家农业科技园区创新能力监测体系数据库，利用这些数据开展创新能力实证研究的文献多了很多，但创新能力并不能反映园区发展的全貌。因此，在今后的研究中，具体可以考虑如下问题：对全国各级各类农业园区的发展情况采取动态跟踪，建立包括数量、面积、劳动力、投资、产值、利润、产业结构等指标的综合发展情况数据库，明晰农业科技园区发展的动态变化及趋势特征。分析不同级别（国家级、省级和市级）、不同建设和运营主体（政府主导型、企业主导型、科研单位主导）、不同农业区划（东北地区、黄淮海地区、黄土高原地区、长江中下游地区等10个区域）、不同类别、不同成立批次、不同发展阶段的农业科技园区在综合发展情况及其在拉动县域经济发展效应等方面的差异，比较美国、德国、日本等国农业科技园区支持政策的目标、内容和执行情况。同时，鉴于政策环境背景变迁下整体发展脉络的系统梳理的研究缺乏，应追溯各级各类农业科技园区设立之前的农业、农村发展背景，研究园区的空间分布，归纳农业科技园区分类标准、支持政策及配套政策的出台原则，构建由建设背景、焦点问题、政策标准、发展特征和综合功能构成的农业科技园区发展编年表。研判不同政策部门、政策目标、政策类型对不同维度发展水平的可能影响，总结典型地区支持农业科技园区发展的经验和教训。

7.2.2 优化农业科技园区评价研究

尽管现有研究在园区评价指标体系构建及模型评价方面进行了很多有益尝试，但由于研究者对园区内涵、功能、作用等的理解不同，使得当前并没有形成一套完善、公认的评价指标体系。而且既有农业科技园区评价研究大部分都停留在最初层面，主要强调科技创新能力，弱化了园区功能的系统性、整体性以及与国家战略的契合度，缺乏对以问题为导向的评价指标体系的构建，出现了评价指标与现实功能定位"两张皮"的现象，使得评价结果现实意义不大，造成了为了评价而评价的困境（周华强等，2018）。在今后的园区评价中，应紧紧围绕创新驱动发展和乡村振兴等国家重大战略需求，拓宽农业科技园区评价的战略及功能内涵，优化评价体系、方案和方法。一是扩展农业科技园区创新评价。将创业孵化、现代产业培育、体制机制改革等都纳入创新范畴，建立由创新要素集聚水平延伸至主导农产品竞争力的全链条创新发展评价。二是开展乡村振兴视角下的农业科技园区评价研究。国家农业科技园区在现代农业发展、新农村建设、农民增收等方面的引领作用已形成共识，但系统地评价园区在县域经济发展、脱贫攻坚、乡村生态环境、乡村就业质量、乡村质量现代化水平、乡村生产经营条件等方面的绩效的研究还较少。乡村振兴战略的提出，为此提供了很好的契机。三是优化评价方法，提高评估结果公正性以及评估结果的实用性。目前的评价研究主要应用层次分析法、综合评判法、能值分析法、数据包络分析方法等方法得到综合排名。今后应该运用相关方法加强对指标的深度挖掘，更加关注各指标之间的关系及其现实含义。

7.2.3 深化农业科技园区集聚效应测算研究

农业科技园区的集聚效应可以体现在三个层面，即短期的园区内要素集聚效应、中期的园区所在地产业聚集效应以及长期的园区对乡村经济社会发展的带动效应。当前，集聚效应不足已成为农业科技园区发展的瓶颈，园区内要素之间缺乏互动，难以就地组合形成产业竞争力；园区科技创新资源与所在地的农业产业联系不紧，无法形成区域性的农业产业集群；园区和当地经济社会发展政策衔接不够，未能带动涉农制造业和服务业发展等。目前还缺乏关于园区内外互动产生集聚效应的有关研究，园区内部资源集聚、引领所在地农业产业升级、带动区域经济社会发展的机制不够清晰。随着乡村振兴上升为国家战略，农业园区成为实施乡村振兴战略的先行者和集大成者，急需加快开展农业科技园区集聚效应的系统研究，增强园区对农业农村发展的引领带动作用。重点可以关注如下研究方向：研究农业科技园区内各要素的集聚水平，明确农业科技园区各类主体的集聚动机，分析内部的要素规模、集聚动力、互动方式及其对园区产业竞争力的影响；研究园区与园区外农业产业的互动机制，分析影响园区与园区外农业产业互动的因素，研究园区对所在地农业产业集群的影响；探究园区对非农产业和居民收入的带动机制、效应，研究园区、园区内企业、政府在提升园区集聚效应的可行策略。

第8章

战略构想：我国农业科技园区集聚发展的总体思路、发展路径及对策建议

经过20多年的发展，农业科技园区初步形成了层级多元、覆盖广泛、特色鲜明、模式典型、科技示范效果显著的发展格局，为支持农业农村高质量发展提供了强力支撑。同时，必须清醒地看到，当前我国农业科技园区仍存在创新驱动发展动力不足，产业规模和经济总量偏小，土地、资金、人才瓶颈制约日益突出，基础设施建设任务偏重，体制机制优势发挥不够等老问题，严重制约了园区集聚效应的形成与释放。与此同时，当前中国特色社会主义进入新时代，我国社会主要矛盾已经转化为人民日益增长的美好生活需要和不平衡不充分的发展之间的矛盾，我国经济也已由高速增长阶段转向高质量发展阶段，园区外部环境和发展要求发生了深刻变化，园区集聚发展面临一些新的挑战。新老问题叠加，必须予以高度重视，要按照党中央、国务院的战略部署，统筹谋划新阶段农业科技园区集聚发展的总体思路、重点任务，提出促进农业科技园区集聚发展的实现路径和对策建议，推动农业科技园区发展迈上更高新台阶。

8.1 总体思路

8.1.1 战略思路

以习近平新时代中国特色社会主义思想为指导，全面贯彻落实党的十九大和十九届二中、三中、四中、五中全会精神，立足新发展阶段、贯彻新发展理念、构建新发展格局，牢牢把握国家实施创新驱动发展战略和乡村振兴战略的历史机遇，紧扣新发展阶段农业科技自立自强、农业产业高质量发展对农业科技园区发展的新要求、新挑战，对标园区集聚发展现状与差距，精准锚定"资源要素集聚互动、高新技术产业集群、三产融合协同发展"三大战略支点，以农业产业科技创新需求为总牵引，以园区向高端化、智能化、绿色化发展为核心导向，紧紧围绕促进现代农业经营主体互动、强化高新技术产业引领、促进多元产业融合发展、完善园区运行管理机制和发展环境、强化政策扶持等重点任务，促进园区集聚效应形成与释放，增强园区对现代农业发展的引领作用、对农村发展的带动作用、对农民的示范效应，加快实现园区科技创新力更强、产业竞争力更强、示范带动作用更强的集聚发展新格局。

8.1.2 战略目标

到2025年，园区内资源要素不断汇聚，园区资源紧密结合、主体良性互动，形成聚集效应的良好基础；园区农业高新技术产业集聚程度明显提升，形成一批农业高新技术产业集群；园区带动农民增收、促进区域经济社会发展能力不断增强，集聚效应得到充分释放。具体目标如下。

1. 园区集群式布局不断完善，对资源要素和创新主体的吸引力不断增强

农业科技园区内的科技、资本、创新、创业、人才、信息、经验等不断集聚,形成各类资源要素和主体积极主动向园区集聚的良好氛围。科教资源不断丰富,科研平台和研发机构的数量和质量实现"双提升",集创新主体、创新布局、创新任务、创新模式、创新平台、创新制度为一体的新时代中国特色农业科技创新体系基本形成;进驻企业尤其是高科技企业规模数量不断扩大,科技研发经费持续增长;农业产业发展的关键核心技术产品取得新突破,引进推广的新产品、新技术数量不断增加;园区各类投资显著增长,政策、金融、社会资本等多元投入格局形成;农业领域顶尖人才不断在园区集聚,园区高素质农民和技能型人才显著增加。

2. 园区创新资源和主体的融合及互动互促不断增强,"学产研用"协同化水平不断提升

园区与科研院所、农业企业、农业生产主体及社会化服务组织等主体的联动机制不断完善,互动性、合作性全面提升;各类主体人才、技术、市场等多方面的互补性增强,基本建成园区农产品销售、供应等互助互利体系;国家农业科技园区创新联盟促进产学研深度融合的作用更加突出,全链条、网络化、开放式的区域农业科技园区创新联盟加快建立;以应用为导向的基础研究与共性技术研发的投入,与高校、科研院所和企业形成优势互补的协同创新体系,推进了研发成果的商业化、产业化加速。

3. 园区农业产业集聚度有较大提升,培育形成一批农业高新技术产业集群

园区组织形式由分散型向集群化发展,园区产业布局向区域化、品牌化和高值化发展;园区现代生物育种产业、新型食品制造业、智能节能农机装备制造业、农业机器人产业、农业大数据产业等农业高新技术产业加快发展;建立和发展农业高新技术产业基地,形成一批带动性强、特色鲜明的农业高新技术产业集群。

4. 园区融合路径更加多元,聚集效应有效发挥

园区科技与产业,农业与第二、第三产业,以及城市与县乡村融合发展不断深化，在促进农业增效、农民增收、农村繁荣方面的集聚效应不断释放；创新链和产业链融合向系统化、纵深化迈进，技术产业化进程加快推进；现代信息技术与产业体系、生产体系、经营体系的融合加深，智慧农业、城市垂直农业、农业物联网、精准农业、智能农业等新产业、新业态发展日益成熟；园区农业与旅游休闲、教育文化、健康养生等产业融合加深，农业的多功能性有效发挥；园区城乡一体化融合发展，促进区域经济社会发展。

8.1.3 战略选择

1. 高新技术引领战略

首先，地方政府加大对农业高新技术推广的支持力度，降低高新技术在农业园区中应用的起步成本，推动设施装备升级和技术集成创新，加快农业物联网和"互联网+"示范应用，促进农业产业链向中高端迈进。其次，提升园区的技术创新与服务平台功能，支持园区组建生产检测机构和专业化服务公司，推广高效生态循环农业模式，促进技术和商业模式创新。最后，培育农业创业创新服务组织和企业，引进高水准的商业营销团队，推动园区品牌建设、品质管理，提升园区的品质和品牌影响力，依托品牌化推动标准化和区域化，最终通过创业创新形成农业高新技术产业集群。

2. 园区融合发展战略

首先，深入推进农村一二三产业融合，优化农户和经营主体的利益分配机制，保障农户劳动力、土地等生产要素的收益权，通过实打实的预期收益引导农民积极参与园区建设发展。其次，重视农业园区在农业农村发展的综合引领作用，推动重大项目、政策与农业园区发展深度融合。最后，实施"农业园区+帮扶"工程，增强园区建设和帮扶工作的政策联动力度，建立低收入群体和园区的紧密利益联结机制，吸纳中低收入农民到园区就业，实现园区建设和农民农村共同富裕的互促共进。

3. 人力资本提升战略

首先,地方政府在园区周边布局优质公共服务,帮助园区创造良好的生产生活环境,吸引农业科研、成果转化和经营管理人才进入园区、进入乡村,让人才全心全意参与园区发展。其次,鼓励园区积极申报新型职业农民培育基地,加大培训投入力度,整合培训资源,增强培训师资实力,创新培训机制和方法,培育适应园区发展的爱农业、懂技术、善经营的新型职业农民和新农人。最后,地方政府要发挥中介作用,引导园区对接高校、科研机构和农业高科技企业,按照产业链、价值链的现代产业组织方式开展创业创新合作,探索园区、机构、人才多赢的合作及利益分配机制,打消人才参与园区发展的后顾之忧。

8.1.4 重点任务

1. 开展关键技术攻关,夯实园区农业产业高质量发展的科技支撑

聚焦农业重点产业高质高效绿色发展的重大科技需求、技术瓶颈、产品技术和工程技术,全力攻关,实现突破。加强种质资源创新与利用,开展生物育种技术体系创新,构建世界一流的现代生物育种体系,培育突破性品种;加强东北黑土地保护、土壤质量提升、耕地地力培育、农田固碳等领域关键技术研发与应用,增强高标准农田建设的科技支撑;强化农作物高效种植和畜禽水产健康养殖关键技术创新;开展主要农作物、特经作物、畜禽水产养殖装备及关键部件研发创制,推进大宗农产品产业减损和加工技术装备创新,提升适应性农机装备的供给水平,创新数字化、智能化、绿色化农机装备,增强科技支撑水平;完善主要农产品产业技术体系布局,构建土、肥、水、气等共性产业技术体系。

2. 加快新技术在农业全产业链的推广应用,提升园区农业产业现代化水平和核心竞争力

立足不同农业产业特点和差异化需求,培育科技与产业融合发展新业态，推动技术对传统产业进行全方位、全角度、全链条改造。推进物联网、云计算等现代信息技术在全产业链的应用，提升农业技术研发与农业生产、食品加工、生物材料等产业的融合互动水平。创新发展智慧农业，开拓智慧农业应用场景。加快推动种植业、畜牧业、渔业等领域数字化转型，提升农业生产、加工、销售、物流等各环节数字化水平。

3. 促进创新链和产业链深度融合，达成从农业科技强到农业产业强的良性循环

围绕产业链部署创新链，聚焦农业产业薄弱环节、技术瓶颈和发展需求，着眼补链、强链、延链，实施"两链"融合重点专项，推动重大科技成果应用及产业化，以技术突破带动产业链核心价值整体跃升。围绕创新链布局产业链，加强对未来新兴产业的前沿技术超前布局，以农业关键核心技术创新能力孵化新兴农业产业，推进基础研究、应用研究、成果转化与产业化对接融通，促进科技成果转移转化，不断提高科技创新对农业产业转型升级的贡献率。建强"两链"融合促进器，推动促进农业科技园区、农高区发展成为"两链"融合主阵地，形成可复制推广的标志性创新模式。

4. 推动园区农业高新技术产业发展，打造现代农业产业高地

科学界定并遴选高新技术产业及其发展方向。促进国家农业科技园区建设转型升级，加快农业高新技术产业示范区建设发展，将农业高新技术产业示范区打造成发展农业高新技术产业的新引擎。加大农业高新技术研发和推广应用，着力提升高新技术产业的技术创新水平。采取多种形式支持农业高新技术产业发展，扩大对农业高新技术的产业投资，加大对高新技术产业的科技创新投入，构建多元化应用场景，统筹支持农业科技研发推广的相关资金向高新技术产业集聚。

5. 完善园区农业科技创新体系，形成创新驱动发展的长效机制

构建主体明确、层次清晰、功能完善、高效协同、运行顺畅的农业科技创新体系,加强农业战略科技力量建设,建设一批世界一流的国家农业科研机构、涉农高水平研究型大学,培育涉农科技领军企业。提高国家对农业科技创新要素的投入力度,调整优化投入结构,为创新主体提供坚实的创新资源保障。统筹构建系统化的农业科研创新协同机制,努力引导创新链、产业链上中下游的对接与联结。使不同创新主体之间的创新产品可以系统集成,使创新端与应用端可以有效对接。完善农业科技创新激励机制,激发创新潜能和创新积极性。

8.2 促进园区集聚发展的路径选择

8.2.1 吸引资源要素集聚,加强主体互动合作

一是支持和引导科技、信息、人才、资金等创新要素向园区高度集聚。吸引农业科研机构、高等院校等科教资源在园区汇聚的基础上,鼓励支持园区引进以市场化为导向的科技成果转化中介机构,培育园区自身的新型农业技术研发、成果转化和产业孵化机构,搭建各类研发机构、测试检测中心、院士专家工作站、技术交易机构等重大功能型和科研公共服务平台,以及高新技术产业孵化基地。支持园区企业和科研机构立足区域农业技术需求,以自主承担或联合参与国家科研项目的方式,开展特色优势产业关键共性技术研发和推广。要加强国际农业科技交流合作,促进国际先进技术、原创技术与园区的对接与转化。二是要健全园区各类主体的利益联结机制,形成互利互惠的合作关系。大力培育专业大户、家庭农场、农民合作社、农业企业及社会化服务组织等新型农业经营主体,增强带动示范能力,鼓励与农户通过订单合同、股份合作、保底分红等联农带农方式,形成农民直接受益、股份受益、综合受益等稳定受益模式。推动园区企业之间分工协作,抱团发展,产生集群效应。建立企业与经营主体之间的稳定供求关系,科研、服务组织与各类主体之间的稳定合作关系。构建

农民深度参与第二、第三产业发展，充分分享第二、第三产业增值收益的机制。

8.2.2 强化科技创新驱动，打造农业高新技术产业集群

一是强化科技创新驱动，使科技创新成为园区高质量发展的核心动力。通过农业科技创新、科技体制机制创新，提高园区科技水平，提升园区核心竞争力。园区要突出"高""新"的特征，强化高新技术在农业中的应用；大力培育农业高新技术产业和高新技术企业，促进园区农业科技成果集成，提高农业科研成果的转化效率，提升高新技术产业集聚程度；要推进农业智能装备升级和先进设施示范运用，推广优良品种，促进农业优质高效；推进农业信息化，加快农业物联网示范应用，借助"联网+"提升园区建设质量和水平。二是要结合区域资源特点，科学界定并遴选园区高新技术产业及其发展方向。依托园区所在地的资源禀赋和产业基础，遴选具有优势特色又具发展前景的产业作为园区主导产业，重点加强标准化生产、区域化布局、品牌化经营和高值化发展方面的谋划，形成带动性强、特色鲜明的农业高新技术产业集群。三是高起点规划，将农高区打造成发展农业高新技术产业的新引擎。鼓励支持部分发展较好的国家农业科技园区向农高区转型，制定国家农业高新技术产业发展规划，扩大对农业高新技术的科研投入和产业投资，统筹支持农业科技研发推广的相关资金向高新技术产业集聚，构建农业高新技术产业发展的多元化应用场景。

8.2.3 促进品牌与集群互动，加快集群价值链功能升级

一是实施品牌驱动战略，提升园区产品的品质和品牌影响力。完善园区农产品质量和食品安全标准体系，推进农产品质量安全追溯体系建设。制定园区品牌发展规划，加强园区品牌建设管理，引导园区企业重视品牌塑造，构建品牌影响力与园区优惠政策相挂钩的体制机制，切实提升产品

品质和品牌影响力,满足公众多样化、个性化、高端化需求。二是建立市场导向,企业、政府、社会组织等联合推动的品牌发展体系。充分发挥地方政府在提升农产品区域品牌建设中的引导、服务和监督职能,加大对特色农业的政策支持力度;充分发挥学会、行业协会等在品牌打造、价值维护、影响力提升方面的作用,利用其打造特色产业相关技术服务平台、宣传信息平台和品牌建设公共服务平台;充分发挥市场的高效集群作用,多种方式开展品牌宣传和推介活动,加强产销衔接,提高品牌知名度。促进品牌与集群互动,推进集群价值链功能升级,让品牌作为提升园区产品价值的有效途径。

8.2.4 推进产业和城乡融合,实现集聚效应充分释放

一是强化园区示范带动作用,促进农村社会发展。创新园区体制机制,发挥龙头企业主体地位,发展农村合作组织,增加农民的民主意识,提高农民组织化程度,推动农村"治理有效"。大力发展循环农业示范,净化农民的生产生活环境,美化村容村貌,保护农村生态环境,改善农村基础设施,促进周边农村的"生态宜居"建设;以休闲旅游观光功能为主导,同时促进园区科技示范、教育培训、产品生产、文化传承等多种功能发挥,推动实现"乡风文明"。二是延伸园区产业链条,促进一二三产业融合发展。大力发展园区加工业,开发农业园区多种功能,将土地整治、生态建设、景观营造与产业发展相结合,建立起生态景观优美、适宜观光游览的园区农业布局和生产模式,形成不同的形象、功能、产业、布局特色。三是推动城乡融合发展,促进产城、产镇、产村融合。农业园区在完善园区自身设施的基础上,更要兼顾园区生产生活生态协调发展要求,整合园区基础设施、土地整治、农业综合开发、新型城镇化等各类资源,将园区建设与村镇建设、特色小镇建设相结合,实现"以点带片,连片改造,综合发展",探索"园城一体""园镇一体""园村一体"的城乡一体化发展新模式,实现园区内外生产生活生态的有机统一。

8.3 增强园区集聚效应的对策建议

8.3.1 加快园区运营模式创新，推动"学产研用"一体化

一是园区要转变经营理念，支持多种所有制形式的农业企业在园区发展。吸引企业、科研单位、高等院校、农业能人到园区创业的同时，要转变现在园区发展主要依靠国有资产投资的发展经营机制，要转变政府职能，走市场化道路。园区要按照现代企业制度进行运作，提高经营管理效益。在此基础上，要打破行政区划界限，推进资产重组，扩大园区发展规模，培育在农产品终端市场份额占比大、具有市场竞争力的园区农业龙头企业集团。同时鼓励农民以联合投资、个人投资等多种方式兴办农业股份制企业、家庭农场式企业或联户经营，鼓励科技人员以技术入股，激发研发动力。

二是园区要采用转让技术成果、技术入股或资金支持研究开发等多种方式，加强与各类研发机构的联系。园区要尽快建立具有区域特色的农业科研推广机构，并加强与大专院校、科研院所和区域性行业技术开发机构的研发合作，着重解决现代农业设施、良种培育、深加工、储运等关键性、技术性强的重大科技问题；促进奖励机制的完善，扶持科技型中小企业和民营科技企业的发展，加快科技人才的引进、培养，搞好职业农民科技培训，促进区域农业生产力的提高和农业可持续发展。

三是园区要加强产学研用结合，探索建立农业产业化集群协同创新机制。探索产学研用深度合作机制，创新农业园区与科研院所、高等院校在科技研发与产业开发等方面的协同创新机制，发挥科技中介服务机构、基层农技中心等在技术咨询及服务中的作用，完善农业科技园区创新服务体系，加快园区科技创新和产业融合发展模式创新，充分发挥市场对资源配置的决定性作用，推进农业科技园区产业技术集成创新和产业化模式创新

载体功能的发挥（马培衢，2016）。

8.3.2 加强园区管理，建立健全考核评价机制

一是规范园区项目监管。严格按照遴选程序、标准确定园区项目。对项目资金的使用和项目的执行情况加强监管，形成园区项目中期评估、项目验收、绩效评价的全程监管体系，严格财政资金的监管，确保项目的顺利实施。

二是健全园区考核评价体系。建立"有进有出"机制。科学设定考核指标，重点从园区效益、示范引领等方面进行考核，对效益显著、示范引领作用明显的园区给予奖励，对建设不合格、考核不达标的园区要取消园区称号，列入不再扶持名单，并进行问责，以此保障现代农业园区的健康运转。

三是建立园区生产环境质量安全评价机制。抓好园区农产品生产过程中的土壤、水质、肥料、农药、兽药饲料添加剂等环节的安全治理；以现代信息技术为手段，健全数据库信息平台建设，在园区建立起覆盖所有农产品产地环境、投入品使用、产品质量检测、贮藏运输、产品销售等情况的质量安全追溯系统，实现上市销售农产品"生产有记录、信息可查询、流向可跟踪、责任可追溯"；同时，依托追溯平台，加强对园区易发生农产品质量安全问题的重点区域、重点环节和重点产品进行有效监督管理。

8.3.3 拓展园区创新创业和培训功能，促进农民增收与发展

一是"内培外引"，使园区成为各类农业人才的集聚地。优化园区创业创新环境，培育创新创业主体，提高园区双创能力，吸引一批农业领域战略科技创新人才、科技领军人才、青年科技人才和高水平创新团队在园区集聚；与此同时，园区出台一系列培养、使用、激励人才的政策体系，在吸引人才入驻的基础上，更加注重发挥创新型企业家、专业技术人才、

青年科技人才在园区发展中的作用,通过"内培外引"相结合,打造一支素质优良、结构合理的农业科技创新创业人才队伍。

二是积极开展农民培训,打造新型职业农民培育示范基地。鼓励农业科技园区积极申报建立新型职业农民培育基地,加大培训投入,整合培训资源,增强培训能力,创新培训机制,提升农民职业技能,培养更多爱农业、懂技术、善经营的新型职业农民和新农人,让新型职业农民和新农人在乡村振兴战略中发挥出应有贡献和作用。

三是发展新型经营主体培训,强化社会化服务,实现多种形式的适度规模经营。园区应加大力度扶持土地流转和规模经营方式创新,培育新型职业农民、专业大户、家庭农场、农民专业合作社、产业化龙头企业等新型经营主体,重点发展农业社会化服务主体,以政府购买服务、以奖代补、民办公助、风险补偿等措施,引导发展生产性的产后社会化服务和金融保险服务,积极培育一批服务功能齐全、运行管理规范的专业化服务主体,实现多种形式的适度规模经营。

8.3.4 强化园区政策引导和服务创新,营造良好发展环境

一是加强政策引导,在优化发展环境上下功夫。政府指导和政策扶持是推进我国农业科技园区健康发展的重要保障。健全生产要素优化机制,针对园区建设当中用地、用水、用电、用工等方面的一些问题,农业部门要强化与有关部门的协调,帮助园区激活生产要素,切实解决园区发展的实际问题;要建立净化发展环境机制,园区的发展离不开社会资本的进入,要创造条件、创造环境吸引民间资本投入园区建设,凡是本地区投入园区的,只要符合要求,都要为他们创造良好的发展环境,帮助他们解决实际问题。

二是改善融资环境,营造金融支持园区发展的良好生态。农业科技园区的发展离不开金融信贷的支持。近几年,党中央、国务院在每年的一号文件中都对金融支持"三农"提出政策性的要求,但由于农业的弱质性、

战略构想：我国农业科技园区集聚发展的总体思路、发展路径及对策建议

微利性和长效性，以及农民承包地、宅基地用益物权的特性，使农业园区的土地、投入的设施不能抵押，获得金融支持的难度仍然很大。对此，建议相关部门进一步加强支农资金的统筹和整合力度，提高资金使用效率，加大招商引资力度，鼓励和支持社会资本、民间资金投向农业，吸引外来投资者参与我国农业产业化开发。进一步扩大农业保险的险种范围和补贴标准，降低和化解园区的经营风险，为金融支持园区发展创造条件。园区加强与各类金融机构的沟通合作，积极创新农业金融产品和服务，加快构建以政府投资为引导、以农民和社会资本投入为主体、以金融资金为支撑的农业投入体系，确保园区农业发展。

三是创新园区服务方式，提高服务效能。完善园区公共服务组织体系建设，在园区建立农业技术推广、动植物疫病防控、农产品质量监管等服务点，构建"多位一体"的现代农业服务组织框架，对分散的农技推广、灾害预警、病虫防治、产品营销等农业生产服务统筹安排，不但为农业园区提供服务，也使我们获得最新最真的数据、信息和技术。放活农技人员服务政策，鼓励利用节假日带技术、带信息与园区业主结对子，开展有偿服务。创新用人体制机制和环境，有效激励农业生产经营能人愿意来园区，扎根在园区，吸引大中专毕业生到园区兴业创业，转变成为职业农民。

参考文献

[1] 陈栋，甄双七，刘建峰，等. 我国农业科技园区建设现状与发展对策 [J]. 广东农业科学, 2006 (12): 116-120.

[2] 陈洪转. 基于截面数据的我国科技产业园区创新产出效率评价 [J]. 科技与经济, 2013, 26 (2): 41-45.

[3] 陈江龙，高金龙，卫云龙. 工业化、城镇化和农业现代化"三化融合"的内涵与机制：以江苏省为例 [J]. 农业现代化研究, 2013 (34): 74-278.

[4] 成福伟. 发达国家现代农业园区的发展模式及借鉴 [J]. 世界农业, 2017 (1): 13-17.

[5] 褚保金，游小建. 农业科技示范园区评价监测指标体系的探讨 [J]. 农业技术经济, 1999 (3): 23-26.

[6] 邓兴旺，王海洋，唐晓艳，等. 杂交水稻育种将迎来新时代 [J]. 中国科学：生命科学, 2013 (43): 864-868.

[7] 丁凤珍，王嘉虎. 强化科技创新驱动 引领现代农业发展 [J]. 中国农村科技, 2018 (5): 26-29.

[8] 丁小伦. 国外农业科技园类型 [J]. 世界农业, 2002 (9): 35.

[9] 高祥晓，王倩. 中外农业科技园区发展的比较及经验借鉴 [J]. 黑龙江畜牧兽医, 2018 (10): 41-43.

[10] 顾焕章，张景顺. 完善农业科技成果转化的供求机制 [J]. 农业技术经济, 1997 (2): 21-22.

[11] 郭红，邹弈星. 四川省农业科技园区发展态势分析 [J]. 科技

管理研究，2011（5）：85-88.

［12］郭淑敏，李茂松，信军．新时期我国都市型现代农业发展再思考［J］．中国农业信息，2015（4）：9-10.

［13］韩长赋．乡村振兴战略：新时代农业农村经济工作总抓手［N/OL］．经济日报，2017-12-31．http：//paper.ce.cn/jjrb/html/2017-12/30/content_352605.htm．

［14］何淑群，古秋霞．我国农业科技成果转化效率及关键策略分析［J］．广东农业科学，2012（39）：213-214.

［15］黄季焜，胡瑞法，王晓兵，等．农业转基因技术研发模式与科技改革的政策建议［J］．农业技术经济，2014（1）：4-10.

［16］黄季焜，胡瑞法，智华勇．基层农业技术推广体系30年发展与改革：政策评估和建议［J］．农业技术经济，2009（1）：4-11.

［17］霍明，杨柳，ZHANG Liang．山东省国家农业科技园区创新能力发展状况调查分析［J］．泰山学院学报，2018，40（5）：118-122.

［18］姬悦，李建平．京津冀协同发展背景下休闲农业园区定位与思考［J］．世界农业，2016（9）：232-236.

［19］贾敬敦．建设"星创天地"，服务农业供给侧结构性改革［J］．中国农村科技，2017（10）：22-24.

［20］姜长云，杜志雄．关于推进农业供给侧结构性改革的思考［J］．南京农业大学学报：社会科学版，2017（1）：1-10.

［21］蒋和平，崔凯．农业科技园带动社会主义新农村建设的原理分析［J］．科技与经济，2010，23（5）：61-65.

［22］蒋和平，宋莉莉．国家农业科技园区的运行模式分析［J］．科技与经济，2006（6）：21-24.

［23］蒋和平，张春敏．"十一五"期间农业科技园区建设和发展的重点［J］．科技与经济，2005（6）：12-16.

［24］蒋和平．我国农业科技园区的特点和类型分析［J］．科技与经济，2004（17）：38-44.

[25] 蒋和平. 我国农业科技园区特点和类型分析 [J]. 中国农业经济, 2000 (10): 23-29.

[26] 蒋和平. 中国农业科技园发展的现状与对策 [A]. 北京: 中国农业经济学会, 2002.

[27] 科技部, 农业部, 水利部, 国家林业局, 中国科学院, 中国农业银行. 国家农业科技园区发展规划 (2018—2025 年) [EB/OL]. 2018-01-12. https://www.waizi.org.cn/doc/30584.html.

[28] 雷玲, 陈悦. 杨凌农业科技示范园区创新能力评价 [J]. 中国农业资源与区划, 2018, 39 (8): 211-217.

[29] 雷玲, 钟琼林. 陕西省农业科技园区综合效益对比评价 [J]. 西北农林科技大学学报 (社会科学版), 2018, 18 (3): 141-150.

[30] 李春杰, 张卫华, 于战平. 国外现代农业园区发展的经验借鉴——以天津现代农业园区发展为例 [J]. 世界农业, 2017 (12): 230-235.

[31] 李同昇, 罗雅丽. 农业科技园区的技术扩散 [J]. 地理研究, 2016 (35): 419-430.

[32] 刘爱玲, 周智敏. 京津冀物流园区协同发展探析 [J]. 宏观经济管理, 2016 (8): 65-67.

[33] 刘长柱, 周华强, 冯文帅, 等. 四川省农业科技园区发展战略研究 [J]. 现代农业科技, 2017 (23): 253-256.

[34] 刘国强, 李友华. 农业高新技术园区评价指标体系的研究 [J]. 农业技术经济, 2001 (3): 24-27.

[35] 刘丽红, 李瑾. 我国农业科技园区创新能力评价指标及模型研究 [J]. 江苏农业科学, 2015 (43): 451-453.

[36] 刘然然, 王梁. 国家农业科技园区发展研究综述 [J]. 江苏农业科学, 2019 (2): 9-14.

[37] 刘笑言, 李嫣资. 现代农业园区产业协同发展的生态模式探究 [J]. 南方农业, 2017, 11 (20): 64-65.

[38] 刘垠. 担当科技自立自强使命 加快建设科技强国步伐——专访

科技部党组书记、部长王志刚［EB/OL］．科技日报，2020－11－30．http：//digitalpaper.stdaily.com/http_www.kjrb.com/kjrb/html/2020－11/30/content_458588.htm．

［39］刘志春，陈向东．基于时滞效应的我国科技园区创新效率评价［J］．管理学报，2015，12（5）：727－732．

［40］吕超，周应恒．我国农业产业集聚与农业经济增长的实证研究——基于蔬菜产业的检验和分析［J］．南京农业大学学报：社会科学版，2011（2）：72－78．

［41］罗必良，胡茬光．以产业园区化推进农业产业化——东莞农业发展的战略选择［J］．南方农村，2007（5）：4－10．

［42］骆高远．国外农业科技园区概况［J］．乡村振兴，2021（7）：90－92．

［43］马爱平．特色立园科技强园带动区域富裕农民——国家农业科技园区十二年发展纪实［J］．中国科技财富，2014（2）．

［44］马培衢．农业科技园区功能创新路径研究——基于河南省的调查，第十六届中国农业园区研讨会［C］．甘肃天水，2016．

［45］马琼，史建民．农业科技园区集聚——扩散效应及布局研究［J］．农场经济管理，2007（4）：30－32．

［46］孟欢欢．农业科技园示范带动能力评价及影响因素分析：以西北传统农区为例［D］．西安：西北大学，2014．

［47］潘启龙，刘合光．现代农业科技园区竞争力评价指标体系研究［J］．地域研究与开发，2013（32）：5－11．

［48］彭竞，孙承志．供给侧改革下的农业科技园区创新能力测评研究［J］．财经问题研究，2017（8）：84－89．

［49］平英华．农业科技园区科技创新功能及创建模式研究［J］．安徽农业科学，2015（30）：318－320．

［50］蒲实，袁威．推进乡村振兴应高度重视农业"三园"建设存在的问题［J］．农村经济，2018（3）：5－10．

[51] 芮正云. 我国农业科技园区功能定位及其效应研究: 基于江苏白马国家农业科技园发展的认识与思考 [J]. 安徽农业大学学报: 社会科学版, 2014 (1): 11-16.

[52] 山东省黄河三角洲农业高新技术产业示范区管委会. 推进黄河三角洲农业高新技术产业示范区高质量发展的思考 [J]. 中国科学院院刊, 2020, 35 (2): 183-188.

[53] 商务部投资促进事务局, 中国农业科学院农业资源与农业区划研究所. 农业产业投资促进报告 [R]. 2014.

[54] 申秀清, 修长柏. 借鉴国外经验发展我国农业科技园区 [J]. 现代经济探讨, 2012 (11): 78-81.

[55] 申秀清. 中国农业科技园区创新机制研究 [D]. 呼和浩特: 内蒙古农业大学, 2014.

[56] 宋长青, 张亮, 霍明. 农业高新技术产业与农业农村发展若干问题研究 [J]. 农业与技术, 2019, 39 (9): 167-171.

[57] 苏文松, 方创琳. 京津冀城市群高科技园区协同发展动力机制与合作共建模式——以中关村科技园为例 [J]. 地理科学进展, 2017, 36 (6): 657-666.

[58] 孙爱兵, 封蕊, 肖秋瑾. 依托科技园区发展农业高新技术产业的建议 [J]. 现代农业研究, 2018 (5): 14-15.

[59] 孙虎, 乔标. 京津冀产业协同发展的问题与建议 [J]. 中国软科学, 2015 (7): 68-74.

[60] 孙江明. 丹麦农业产业体系的现状和特征 [J]. 世界农业, 2002 (8): 10-12.

[61] 孙洁. 高新示范引领 培育农业发展新动能——科技部副部长徐南平解读《关于推进农业高新技术产业示范区建设发展的指导意见》[J]. 中国农村科技, 2018 (2): 16-19.

[62] 孙洁. 国家农业高新技术产业示范区: 带动中国农业走创新驱动发展道路 [J]. 中国农村科技, 2021 (12): 30-33.

[63] 孙洁. 科技为基 培育"高颜值"现代农业 [J]. 中国农村科技, 2018 (5): 22-25.

[64] 孙娟, 罗广宁, 肖田野. 科技支撑粤东西北传统产业升级的现状、路径和对策研究 [J]. 广东科技, 2016 (25): 71-73.

[65] 孙康泰. 我国国家农业科技创新基地平台现状分析研究 [J]. 中国农村科技, 2021 (4): 68-71.

[66] 汪丽, 张鸿雁, 乔富强, 等. 农业科技园发展存在的主要问题及对策机制研究: 以北京农学院大学科技园建设与发展为例 [J]. 教育教学论坛, 2015 (48): 177-179.

[67] 王爱民, 张培. 农业科技园区集聚水平对协同创新的影响效应研究 [J]. 农业经济与管理, 2017 (41): 54-62.

[68] 王朝全. 农业科技园区的发展模式探讨 [J]. 科学管理研究, 2004 (1): 32-36.

[69] 王菲. 农业科技园区管理体制研究 [D]. 泰安: 山东农业大学, 2015.

[70] 王桂朵. 国外农业科技园区有何发展特色 [J]. 人民论坛, 2017 (31): 200-201.

[71] 王俊凤, 赵悦. 我国农业科技园区金融支持效应的研究 [J]. 金融发展研究, 2016 (7): 75-79.

[72] 王琦, 远铜, 何君, 等. 农业"走出去"与境外农业园区建设 [J]. 中国农学通报, 2016, 32 (2): 193-198.

[73] 王树进. 我国农业科技园区需要研究解决的几个问题 [J]. 农业技术经济, 2003 (1): 45-48.

[74] 王武强. 《促进农高区产业创新发展意见》呼之欲出 [J]. 中国农村科技, 2016 (12): 17.

[75] 王瑜, 郑子辉. 人工智能技术在农业领域的应用方向及发展路径 [J]. 信息通信技术与政策, 2019 (6): 29-31.

[76] 吴海燕, 李庆, 魏玲玲, 等. 农业科技园区发展的环境创新研

究：以江西省为例［J］．农业科技管理，2014（33）：64-66．

［77］吴沛良．农业科技园区发展探讨［J］．现代经济探讨，2001（10）：26-29．

［78］吴普特．农业科技园区的战略定位与发展模式［J］．中国农业科技导报，2001（3）：6-9．

［79］吴圣，陈学渊，吴永常．农业高新技术产业示范区：背景、内涵、特征和建设经验［J］．科学管理研究，2019，37（5）：114-119．

［80］吴圣，吴永常，陈学渊．农业科技园区纵向政府间的博弈关系分析——以国家农业科技园区为例［J］．农村经济，2020（6）：121-128．

［81］吴圣，吴永常，陈学渊．我国农业科技园区发展：阶段演变、面临问题和路径探讨［J］．中国农业科技导报，2019，21（12）：1-7．

［82］夏岩磊，李丹．基于层次分析法的农业科技园创新能力评价：以安徽为例［J］．皖西学院学报，2017（33）：54-60．

［83］夏岩磊．长三角农业科技园区建设成效多维评价［J］．经济地理，2018，38（4）：139-146．

［84］夏岩磊．传统要素、创新要素与农业科技园区经济增长：基于106个园区的实证分析［J］．中国农业资源与区划，2018，39（11）：245-254．

［85］谢玲红，毛世平．中国涉农企业科技创新现状、影响因素与对策［J］．农业经济问题，2016，37（5）：87-96．

［86］谢玲红．农业园区高质量发展的战略思考［EB/OL］．乡村发现网，2018-11-19．http：//www.zgxcfx.com/zhubiantuijian/113908.html．

［87］信军．农业园区规划编制内容［J］．中国农业资源与区划，2014，35（5）：117-122．

［88］杨海蛟，刘源，赵黎明．产业集聚水平下农业科技园区的技术推广效率研究——以36个国家级农业科技园区为实证［J］．农业科技管理，2012（1）：85-87．

［89］杨敬华．农业科技园区产业带动能力建设研究［J］．农村经济

与科技, 2008 (19): 12-13.

[90] 杨其长. 我国农业科技示范园区的功能定位、技术背景与战略对策研究 [J]. 中国农业科技导报, 2001 (3): 14-17.

[91] 杨秋林. 关于建立我国农业科技园区质量与效益评价指标体系的设想 [J]. 中国农业综合开发, 2003 (2): 16-19.

[92] 姚昉. 基于SNA的农业科技园区技术创新影响因素研究 [D]. 天津: 天津工业大学, 2015.

[93] 尹丽莎. 国外农业科技园区建设的经验借鉴 [J]. 对外经贸实务, 2017 (4): 28-31.

[94] 袁亚湘, 陈左宁, 吴一戎. 百名院士委员谈创新——"创新驱动发展"专题协商会发言摘登 [N/OL]. 人民政协报, 2019-05-15. http://www.cppcc.gov.cn/zxww/2019/05/15/ARTI1557883069760441.shtml.

[95] 张长海. 现代农业科技园区创新发展模式探索研究 [J]. 广东农业科学, 2012, 39 (11): 224-226.

[96] 张敏, 苗润莲, 李梅, 等. 京津冀现代农业区域协作的战略思考 [J]. 北京农业职业学院学校, 2015, 29 (2): 5-10.

[97] 张茜, 耿晓, 王界升. 京津冀协同发展背景下河北省现代农业园区发展研究 [J]. 产业与科技论坛, 2016 (14): 22-23.

[98] 张仁杰. 扎实推进都市现代农业发展探讨 [J]. 农业开发与装备, 2018 (2): 1+7.

[99] 张淑辉, 郝玉宾. 农业科技成果低转化率的主要原因探讨 [J]. 理论探索, 2014 (1): 98-101.

[100] 张晓玲. 中国农业科技园区发展的理论与实践问题研究 [D]. 武汉: 华中农业大学, 2004.

[101] 张晓宁, 孙养学. 西北半干旱地区现代农业区域示范效应的影响因素分析: 以4个国家现代农业科技园区为例 [J]. 河北农业科学, 2017 (1): 91-94.

[102] 赵建亚, 徐会中, 俞文伟, 等. 现代农业科技园区发展面临的

主要问题及其对策［J］.安徽科技,2012（3）：27-29.

［103］赵黎明,翟印礼.改进CES模型下的产业集聚效应估计——基于河南许昌国家农业科技园区的实证研究［J］.农业经济,2014（11）：78-80.

［104］赵庆惠.发达国家农业科技成果转化资金特点及转化模式分析［J］.世界农业,2010（8）：6+1-3.

［105］郑宝华,王志华,刘晓秋.农业科技园区创新环境对创新绩效影响的实证研究［J］.农业技术经济,2014（12）：103-109.

［106］郑纪业,阮怀军,封文杰,等.农业物联网体系结构与应用领域研究进展［J］.中国农业科学,2017（50）：657-668.

［107］中国农村技术开发中心.国家农业科技园区创新能力评价报告2014［M］.北京：科学技术文献出版社,2016.

［108］中国农村科技编辑部.农业科技园区的高新之路［J］.中国农村科技,2018（5）：5.

［109］中国农村科技编辑部.为农业农村高质量发展提供强力支撑——"十三五"国家农业科技园区的亮丽答卷［J］.中国农村科技,2021（12）：34-37.

［110］钟瑛.农业高新技术企业及其可持续发展［J］.中国农村观察,2001（3）：45-51.

［111］周华强,邹弈星,刘长柱,等.农业科技园区评价指标体系创新研究：功能视角［J］.科技进步与对策,2018,35（6）：140-148.

［112］周立军.现代农业科技园区的创新能力来源分析：基于知识、学习和社会资本的综合框架［J］.广东农业科学,2010（37）：271-273.

［113］周培.都市现代农业发展的战略价值与科技支撑［J］.中国科学院院刊,2017,32（10）：1118-1124.

［114］周蓉.国家农业科技园区创新能力评价：创新态势现增长活力［J］.中国农村科技,2016（5）：54-57.

［115］周文静,杨忠国.农业科技园区与新农村建设的关系［J］.南

方农业, 2007 (3): 49-52.

[116] 朱海东, 陈小文, 张天柱. 新常态下农业科技园区可持续发展的思考 [J]. 蔬菜, 2016 (7): 1-5.

[117] 朱学新, 张玉军. 农业科技园区与区域经济社会发展互动研究: 以江苏省农业科技园区为例 [J]. 农业经济问题, 2013 (9): 72-76.

[118] 朱玉春, 霍学喜. 我国农业科技成果转化的制约因素及对策研究 [J]. 农业技术经济, 1999 (3): 19-22.

[119] Alstonj M, Pardeyp G. Agriculture in the global economy [J]. Journal of Economic Perspectives, 2014, 28 (1): 121-146.

[120] Caniëls M C, Romijn H A. Dynamic clusters in developing countries: Collective efficiency and beyond [J]. Oxford Development Studies, 2003 (3): 275-292.

[121] Dixit A K, Stiglitz J E. Monopolistic competition and optimum product diversity [J]. The American Economic Review, 1977 (3): 297-308.

[122] Ellison G, Glaeser E L. Geographic concentration in US manufacturing industries: a dartboard approach [J]. Journal of Political Economy, 1997 (5): 889-927.

[123] Geng X, Wang X, Sun Q. Eco-tourism, Tourist Satisfaction and Revisit Will: A Case Study of Future Agro-park in Suzhou China [J]. Ecological Economy, 2010: 119-123.

[124] Glaeser E L, Mare D C. Cities and skills [J]. Journal of Labor Economics, 2001 (2): 316-342.

[125] Gould E D. Cities, workers, and wages: A structural analysis of the urban wage premium [J]. The Review of Economic Studies, 2007 (2): 477-506.

[126] Halewood M, Chiurugwi T, Sackville Hamilton R, et al. Plant genetic resources for food and agriculture: opportunities and challenges emerging from the science and information tech-nology revolution [J]. New Phytologist,

2018, 217: 1407 - 1419.

[127] Henderson V, Kuncoro A, Turner M. Industrial development in cities [J]. Journal of Political Economy, 1995 (5): 1067 - 1090.

[128] Krugman P. Increasing returns and economic geography [J]. Journal of Political Economy, 1991 (3): 483 - 499.

[129] Kuchiki A, Mizobe T, Gokan T. A multi - industrial linkages approach to cluster building in east Asia: targeting the agriculture, food, and tourism industry [M]. US (London): Palgrave Macmillan, 2017.

[130] Le K. Fuzzy relation compositions and pattern recognition [J]. Information Sciences, 1996 (1 - 2): 107 - 130.

[131] Matano A, Naticchioni P. Spatial externalities and wage distribution: The role of sorting [J]. Journal of Economic Geography, 2012 (1): 124 - 151.

[132] Meyer-Stamer J. From industrial policy to regional and local locational policy: experience from Santa Catarina/Brazil [J]. Bulletin of Latin American Research, 1999 (4): 451 - 468.

[133] Ng W K B, Appel-Meulenbroek H A J A, Cloodtm M M A H, et al. Real estate resourcing on science parks: exploratory overview of European science park [A]. Hong Kong: Academic Conferences and Publishing International, 2017.

[134] Phillimore J. Beyond the linear view of innovation in science park evaluation: an analysis of western australian technology park [J]. Technovation, 1999, 19 (11): 673 - 680.

[135] Porter M E. Competitive advantage, agglomeration economies, and regional policy [J]. International Regional Science Review, 1996 (1 - 2): 85 - 90.

[136] Song L, Li X. The smart technology application study of the leisure agriculture parks [J]. International Journal of Smart Home, 2015, 9 (8): 163 - 168.

[137] Takeishi A. Bridging inter-and intra-firm boundaries: management of

supplier involvement in automobile product development [J]. Strategic Management Journal, 2001 (5): 403-433.

[138] Yang Z, Cai J, Sliuzas R. Agro-tourism enterprises as a form of multi-functional urban agriculture for peri-urban development in China [J]. Habitat International, 2010 (4): 374-385.

[139] Yeh C-C, Chang P L. The Taiwan system of innovation in the tool machine industry: a case study [J]. Journal of Engineering and Technology Management, 2003 (4): 367-380.

图书在版编目（CIP）数据

中国农业科技园区集聚效应研究：基于创新驱动和乡村振兴的视角/谢玲红著. --北京：经济科学出版社，2022.12

（中国农业科学院农业经济与发展研究所研究论丛. 第6辑）

ISBN 978-7-5218-4208-1

Ⅰ.①中… Ⅱ.①谢… Ⅲ.①农业园区-高技术园区-研究-中国 Ⅳ.①F324.3

中国版本图书馆CIP数据核字（2022）第207684号

责任编辑：赵　蕾
责任校对：刘　昕
责任印制：范　艳

中国农业科技园区集聚效应研究
——基于创新驱动和乡村振兴的视角
谢玲红　著

经济科学出版社出版、发行　新华书店经销
社址：北京市海淀区阜成路甲28号　邮编：100142
总编部电话：010-88191217　发行部电话：010-88191522
网址：www.esp.com.cn
电子邮箱：esp@esp.com.cn
天猫网店：经济科学出版社旗舰店
网址：http://jjkxcbs.tmall.com
北京季蜂印刷有限公司印装
710×1000　16开　8.75印张　130000字
2023年9月第1版　2023年9月第1次印刷
ISBN 978-7-5218-4208-1　定价：40.00元
（图书出现印装问题，本社负责调换。电话：010-88191545）
（版权所有　侵权必究　打击盗版　举报热线：010-88191661
QQ：2242791300　营销中心电话：010-88191537
电子邮箱：dbts@esp.com.cn）